不一样的 科学故事 1

地球保卫战

张秀丽 著

山东教育出版社

图书在版编目(CIP)数据

不一样的科学故事. 1 / 张秀丽著. — 济南：山东教育出版社，2017.1

ISBN 978-7-5328-9621-9

Ⅰ. ①不… Ⅱ. ①张… Ⅲ. ①科学知识—少儿读物 Ⅳ. ①Z228.1

中国版本图书馆CIP数据核字（2016）第300869号

不一样的科学故事 1

出版人：刘东杰
主　管：山东出版传媒股份有限公司
出版者：山东教育出版社
　　　　（济南市纬一路321号　邮编：250001）
电　话：（0531）82092664　传　真：（0531）82092625
网　址：www.sjs.com.cn
发行者：山东教育出版社
印　刷：青岛新华印刷有限公司
版　次：2017年3月第1版　2017年3月第1次印刷
规　格：710mm×1000mm　16开
印　张：8印张
印　数：1－20000
字　数：67千字
书　号：ISBN 978-7-5328-9621-9
定　价：20.00元

（如印装质量有问题，请与印刷厂联系调换）
电话：4008053267

惊奇就是科学的种子。

——爱迪生

人物介绍

怪怪老师

性格：自称来自外太空最聪明最帅的一个种族（不过没人相信）。拥有神奇的能力，比如时空转移、与动物沟通、隐身等。他带领同学们告别枯燥的教室，在科学世界里展开一段又一段奇妙的魔幻探险。

星座：文武双全的双子座

爱好：星期三的午后，喝一杯自制的"星期三么么茶"。

皮豆

性格：鬼马小精灵，班里的淘气包。除了学习不好，其余样样行。喜欢恶作剧，没一刻能安静下来，总是状况百出。不过，也正是因为有了他这样的开心果，大家才能欢笑不断。

星座：调皮好动的射手座

爱好：上课的时候插嘴；当怪怪老师的跟屁虫。

蜜蜜

性格： 乖巧漂亮的甜美女生，脾气温柔，讲话细声细气。爱心大爆棚，喜欢小动物，酷爱吃零食。男生们总是抢着帮她拎东西、买零食，是班里的小女神。

星座： 喜欢臭美的天秤座

爱好： 一切粉红色的东西，平时穿的衣服、背的书包、用的文具……所有的一切都是粉色的。

女王

性格： 霸气外露的班长，捣蛋男生的天敌。女王急性子，遇到问题一定要立刻解决，所有拖拖拉拉、不按时完成作业、惹了麻烦的人都要绕着她走，不然肯定会被狠狠教训。班上的大事小事都在她的管辖范围之内。

星座： 霸气十足的狮子座

爱好： 为班里的同学主持公道，伸张正义。

十一

性格： 明星一样的体育健将。长相俊朗帅气，又特别擅长体育，跑步快得像飞。平时虽然我行我素，不喜欢和任何同学交往过密，却拥有众多女生粉丝，就连"女汉子"女王跟他说话时都会脸红。

星座： 外冷内热的天蝎座

爱好： 炫耀自己的大长腿。

博多

性格： 天才儿童，永远的第一名。博学多才，上知天文下晓地理，有时候怪怪老师都要向他请教问题。只是有点儿天然呆，常常在最基本的常识性问题上出错。

星座： 脚踏实地的金牛座

爱好： 看科普杂志。

乌鲁鲁

怪怪老师带来的一只外星流浪狗，是大家最最忠实可靠的朋友。

目 录

第一章

流星雨

八月末的一天，骄阳似火，气温超过了 35 摄氏度。花园里的花草都被炽热的阳光烘烤得耷拉着脑袋，甚至连柏油马路的表面都被晒化了，开始变得软绵绵的。知了们还在不知趣地吵叫着，更加让人感到燥热。

皮豆斜躺在沙发上，手里举着一根雪糕，正有滋有味地看着动画片《外星人在月球》。

餐厅里传来了妈妈的声音："皮豆，别看了，吃午饭了！整天光知道看动画片，暑假作业都没做完。过两天开学了，看你怎么办！"

妈妈催促了好几次，皮豆才恋恋不舍地把眼睛从电视上移开了。

吃饭的时候皮豆还意犹未尽："爸爸，你说月球上真有外星人吗？"

爸爸反问道："你说呢？"

皮豆立刻想起了怪怪老师，不过他决定保密，这可是早就约定好的。

皮豆把思绪从怪怪老师那里拉回来，开始绘声绘色地把动画片里看到的在老爸面前卖弄了一番。

爸爸呵呵笑了起来:"那都是编出来给你们小孩子看的,目前还没有真正发现外星人,但是不排除存在的可能性。"

"就拿月球来说吧,中国的神话传说中有嫦娥奔月,但人类从来没有停下探索地球以外空间的脚步。就在 1969 年 7 月 21 日(北京时间),美国的阿波罗 11 号载人飞船成功地在月球上着陆,宇航员阿姆斯特朗与奥尔德林成为首次登上月球的人类。月球上一片荒芜,没有空气,没有水。白天能达到120 摄氏度,晚上很冷,低温可达零下 180 摄氏度。没有生命可以存活,表面只有环形山。"

皮豆听得入了神:"那为什么月亮看起来有的地方亮一些,有的地方暗一些呢?"

爸爸颇为意外:"我们看到的月光是月亮像镜子一样反射的太阳光。亮的地方是高原和高山,暗的地方是平原和洼地。你这孩子从来没对正经事物这么感兴趣,今天可是有点儿不正常。难得你这么感兴趣,这样吧,明天给你买台天文望远镜,你可以亲自观察一下月亮上的环形山。"

"好啊!"皮豆一吐舌头扮了个鬼脸,"说定了!不许反悔!"

第二天傍晚,爸爸果然没有食言,给皮豆买来一台小型天文望远镜。

很快,博多、女王、蜜蜜、十一等皮豆的几个死党们,一窝蜂似的簇拥着望远镜冲了出去。他们来到一片开阔的草地,晚饭都没顾得上吃。

到了草地大家才发现,这天文望远镜既是镜筒,又是目镜,还是寻星镜的，挺复杂，竟不会组装。没办法，他们只好把乌鲁鲁给请来了。

"真是不让人省心！"乌鲁鲁抖了抖身上的毛，开始指挥大家组装起来。大家七手八脚鼓捣了半天，终于弄好了。

天已经完全黑了下来。他们选的地方不错，周围没有很高的建筑物，视野比较开阔，很是安静，草丛中不时传来虫子的鸣叫声。天空中一轮皎洁的月亮挂在半空。

博多对准月亮调好了方位，经过不断微调，终于看到了月亮的清晰图像。

"哇！我看到了！月亮上果然有很多环形山。"博多兴奋地跳了起来。

"我看看！"

"我看看！"

其他几个早就按捺不住了。

"真是太奇妙了！"皮豆看呆了。

"这算什么！小儿科！宇宙中奇妙的事物多了去了！"乌鲁鲁不屑一顾地说。

"宇宙是什么？"皮豆接着问道。

"宇宙是所有时间、空间和物质的总和，简单来说就是所有东西的总和。"博多确实读的书多，什么事物都了解一些，但到底怎么个奇妙法他却说不出个所以然。

大家的眼睛都盯上了乌鲁鲁："快跟我们说说嘛！"

看着大家热切渴望的眼神，乌鲁鲁禁不住有些得意。

"宇宙可大了，怎么也有几百亿光年，到处是像银河系这样的星系。我们太阳、地球这样的星球相对于宇宙，简直就是大海中的一粒细沙……"

　　"几百亿光年是什么意思？"乌鲁鲁还没说完就被皮豆给打断了。

　　"哦，**光年是天文学上的一种距离单位。指光在宇宙真空中沿直线一年内走过的路程。光的运行速度约是每秒钟 30 万千米，1 小时有 3600 秒**，那你算算光运行一年的距离得有多远哪！更不用说是几百亿光年了！"博多帮乌鲁鲁回答了这个问题。

　　大家一听这些数字都瞪大了眼睛不敢相信，皮豆算了半天也没算出来一光年到底有多远。

　　"刚才说到地球简直就是大海中的一粒细沙，也许连一粒细沙都算不上。**宇宙中有数不清的像太阳一样的恒星。单是我们银河系估计就有 1000 亿颗以上的恒星，直径约 10 万光年。**看！"乌鲁鲁的爪子指向了天空，"这满天的星星每一颗都是一个太阳，怎么样，你们能数出来有多少吗？这还只是我们肉眼看得到的，还有更多我们看不到的。"

　　"**另外，还有很多像地球一样自己不发光的行星。太阳系中就有八大行星，想想看宇宙中得有多少颗行星？除了这些，还有数不清的小行星，拖着长尾**

巴的彗星，形状各异、绚丽多彩的星云……总之太多了。"乌鲁鲁滔滔不绝，女王他们几个则呆呆地听着。这么大的数据已经远远超出了他们的想象，大家只是在尽量地往自己认为最多的数量概念上去想。

夜已经深了，远处楼房上的灯光都已经关了，可这几个小家伙却正玩在兴头上。

"你说得是不是太离谱了？"听乌鲁鲁越说越玄，皮豆竟开始有些不相信了。

"这有什么可怀疑的？"乌鲁鲁气急败坏，"这些都是我跟怪怪老师亲眼所见，怎么会有假……"

说到这里，乌鲁鲁好像突然意识到了什么，一爪子捂住了嘴巴。

"怎么不往下说了？"女王正听得起劲儿呢。

"这个……这个……"刚才还伶牙俐齿的乌鲁鲁竟结巴起来。

乌鲁鲁正在支支吾吾，天空中却突然亮了起来。只见一个明亮的大火球划过黑暗的夜空，使得整个天空都有些发亮了。大火球没滑行多远，突然在空中爆裂开，分散成很多小火球，犹如一个巨大的烟花在空中绽放。

小伙伴们被眼前的一幕惊呆了，早已忘记了追问乌鲁鲁。

"是流星雨！"不知谁喊了一句。

"流星雨！"

"流星雨！"

……

其他几个也跟着兴奋地喊了起来。

乌鲁鲁盯着天空，眼中却充满了疑惑。

一眨眼的工夫，那些散开在空中的小火球几乎消失了，只有一个一直很明亮，远远地落向地面，直到大家看不到了。

"哇！我们看到了传说中的流星雨啦！"皮豆兴奋得语无伦次。

"嗯，今天的运气可真不错！"

大家正在叽叽喳喳地谈论着流星雨，一道明亮的光柱扫了过来，随之传来了皮豆老爸在电话里的吼叫声："都几点了？还不回家睡觉！早知道这样就不给你买望远镜了！"

大家互相吐了一下舌头，只好乖乖地回家了。

小伙伴们的身影逐渐远去，乌鲁鲁却还呆立在原地，怔怔地望着那颗流星落下的方向。

乌鲁鲁看着的方向——距离此地大约 100 千米的山区里有一个很大很深的湖泊，此时湖泊周边正在下暴雨。很快山区的山沟里就汇集起了一条条小河，河水向湖泊流去。

一阵轰隆隆的响声快速传了过来，黑暗的天空被一道亮光划破，一个小火球从天而降，一头扎进了湖泊中。湖水被激起三四十米高，巨大的波浪向周围掠了过去。到达湖岸时，强大的冲击力推倒了不少岸边的树木。

几圈波浪过后，湖面逐渐恢复了平静，暴雨仍在肆虐。

突然黑暗的湖面上射出几道亮光，接着从湖水中冒出来三个小点。很快，那三个小点就来到了岸边，从湖水中爬了出来。他们的样子看起来跟动画片《外星人在月球》中的外星人很像。

其中一个人打开了随身携带着的小盒子，里面是一个显示器，显示着一幅宇宙星空的图像。

他们好像互相商量了一下，其中的一个人又返回湖水中。

过了半天，一个一米多长的长方体大盒被拖出水面，三个黑点围上去一起打开了盒子。盒子中排满了各种按钮，可调弄了很长时间，盒子里的仪器始终没有反应，看样子应该是出问题了。

他们把大盒子合上，又重新推入湖水中，然后一起向深山走去，消失在黑夜的暴雨中。

你觉得有外星人吗？外星人曾经来过地球吗？你看过有关 UFO 的报道吗？

脑力
大冒险

第二章

白天变成黑夜

开学了，同学们有说有笑，踏着明媚的阳光回到了学校。整个暑假没见面，大家都很兴奋，聚在一起谈论着假期里发生的新奇事。

"我跟爸爸妈妈一起去北京爬长城了。长城真是太壮观了，建在山岭上，蜿蜒盘旋，一眼望不到头！"一个同学说。

"放暑假我跟爸爸妈妈去东北的长白山玩了，那里满山都是高高的绿树，天气凉爽，山谷中到处是可爱的小松鼠。还有那有名的天池，原来是个很大很大的火山口……"另一名同学接着说。

大家你一言我一句说得热火朝天，教室里乱作一团。

"丁零零……"上课铃响了，喧闹的教室终于安静了下来，怪怪老师走了进来。

"同学们好！"

"老师好！"

怪怪老师扫了一眼同学们，笑了笑说："刚放完假是不是想玩的心还没收回来呀！"

皮豆突然一举手，站起来说："报告老师，都回来了，全在教室里呢！"一番话，惹得同学们哈哈笑了起来。

女王白了皮豆一眼，嘴里嘀咕了一句："瞎出风头！"

"没回来也没关系，现在再给大家个机会去回味一下假期里美好的回忆。这节课是每个人把假期里最有意义或最好玩的事情写一篇作文，下课前交给我。"怪怪老师想趁热打铁，刚开学就布置了一篇大作文给同学们。

皮豆一听傻眼了，写作文是他最不拿手的，一听到"作文"两个字就头大。他缩了缩脑袋，偷偷地瞄了怪怪老师一眼，发现他正一脸坏笑地盯着自己，赶紧埋下头苦思冥想起来。

"写篇作文还不是小菜一碟！"蜜蜜心里想，"假期里最快乐的事就是爸爸给我买了一只小宠物猫，现在每天由我来照顾。小家伙真是太可爱了！就写小花猫吧！"蜜蜜动笔写了起来。

教室里渐渐安静了下来，只听到沙沙的写字声。

怪怪老师看着大家认真写作的样子，十分满意。

皮豆现在已经进入了写作状态，发现真正沉下心来，写作文也没那么可怕，不到半节课，已经写了一大半了。可不知为什么，他感觉眼睛有些看不清。皮豆抬手揉了揉眼睛又把头低了低，可过了没几分钟，又看不清了。他抬起头使劲儿揉了揉眼睛，睁开眼一看，吓了自己一跳，整个教室都很昏暗。

他吓得喊叫起来："老师！老师！我的眼睛看不清了！我的眼睛看不清了！"

"老师！我的眼睛也看不清了！"

"我的也看不清了！"

……

教室里立刻炸开了锅。

"啪！"教室突然间亮了起来，原来是怪怪老师打开了应急灯，"好了，好了！都不要惊慌，不是你们的眼睛坏了，是出现了日食。"

"日食是什么？"有的同学小声地问。

"日食就是太阳光被月球挡住了，白天变成了黑夜。"博多不愧为小百科全书。

"糟了，奶奶说过，这是天狗吃太阳啊！"大家现在六神无主，呼啦啦地乱作一团，胆子最小的同学甚至吓哭了。

"好了，都别吵了！这只是个自然现象，没什么好怕的！走！我带你们出去看看日食到底是怎么回事。"

"每个人都戴上眼镜。"怪怪老师说完，大手一挥，每个同学面前都有了一副"墨"镜。

大家来到了操场上，一个同学问："老师，这真是天狗在吃太阳吗？"博多笑了起来："这是日食，是月亮遮住了太阳光而已。"

"博多说得没错！"怪怪老师说，"大家仔细看，现在月亮还没有完全把太阳遮住，我们可以看到遮住太阳的阴影边缘是不是圆形的？"

大家抬头看了看，确实是圆形的。

"这是因为月亮跟地球一样也是球形的。之所以会出现日食，是因为月亮绕着地球转，地球绕着太阳转，当月亮运转到地球和太阳之间的时候就会把太阳的光遮住。就像晚上我们伸手遮住灯光，墙上会出现手的影子一样，地球上也会出现月亮的影子。如果我们正好在月亮的影子里就会看到日食。日食还分为日偏食和日全食，因为太阳比月亮大很多，我们很有可能看不到日全食景象。好在月亮离地球很近，所以月亮可以在地球上形成实影，在这个实影区内就可以看到日全食了，而在实影区周围的半影区就只能看到日偏食了。一会儿日食结束了，我再给大家演示一下就明白了。记住啦，这可不是天狗吃太阳啊！"

同学们听怪怪老师这么一说都明白是怎么回事了，刚才说天狗吃太阳的那位同学也不好意思地笑了："回家我就告诉奶奶，天狗吃太阳是怎么回事！"

"一会儿月亮就会把整个太阳给遮住，不过也就一小会儿，月亮就会运转过去。太阳没有遮挡了，很快就会恢复明亮的。"怪怪老师补充说。

果然，不一会儿，太阳被整个遮住了，白天几乎变成了黑夜。

"快看！星星都出来了！"不知哪个同学喊了一声。

"哇！真的！"同学们都很惊奇。

皮豆奇怪地问："不是晚上星星才出来吗？怎么白天也出来呢？"好几个同学附和："是啊，怎么白天还会有星星？"

怪怪老师笑了："其实星星不管白天黑夜都一直在天上，只不过白天太阳出来后光线太强，星星的光太弱，所以我们才看不到星星。现在太阳光被月亮给遮住了，才能看到星星的光芒。"

"原来是这样啊！"同学们又明白了一个知识。

怪怪老师凝视着太阳周围的光晕，看到一个细小黑点一晃而过。这么细小的黑点也许只有怪怪老师才能看得到，他的眼皮跳了一下，心中隐隐有些不安。

"快看！"蜜蜜惊叫了起来，"简直就是一枚漂亮的钻石戒指！"

太阳的周围出现了一个不太明显的亮圈，亮圈上的一点出现了一簇耀眼的光芒，看起来就跟蜜蜜说的一样。

"这叫贝利珠现象。"怪怪老师说，"这是因为月亮的表面有崎岖不平的山峰，当日食开始或结束时，太阳光从月球边缘的山脉缝隙中透射而形成的，类似珍珠的亮光点，因英国天文学家贝利首先观测到而得名。贝利珠有时看起来是一个亮点，有时会是一串亮点，就像一串明亮的珍珠，非常好看。不过这个过程仅有几秒钟的时间，能看到可是很幸运的！"

大家都沉醉在了眼前的景象中。

只一会儿，贝利珠不见了，太阳就像小月牙似的露出了一点儿脸，光线开始变强了，黑暗的天空逐渐亮了起来。月牙越来越大，天空也越来越亮了，一眨一眨的星星们一颗颗躲藏了起来。最后月亮不见了，太阳再次恢复了它的全貌，尽情地把它的光和热洒向了大地。

"好了，日食结束了，我们回教室接着上课吧！"怪怪老师一声令下，大家这才恋恋不舍地回到了教室。

怪怪老师让大家把窗帘放了下来，两只手在空中虚抓了几下，空中出现了太阳、地球与月亮三个星球的运行模型，看起来像真正的太阳、地球与月亮一样在不断地旋转运动。不一会儿，月亮运行到太阳与地球之间，地球上出现了月亮的影子。

"大家看，这就是日食了！"怪怪老师又讲解了一番，大家终于明白了日食跟月食是怎么回事，以后再也不会害怕这种自然现象了。

脑力
大冒险

博多和十一在听完怪怪老师对日食的讲解后回家用手电筒、乒乓球和玻璃珠模拟了日食的过程。你知道他们是怎么做的吗？

第三章
环球科考

新学期开学的新鲜劲儿没几天就过去了，皮豆又提不起精神来了。

课间，皮豆经过校长办公室时，听到了一个重磅消息：怪怪老师被选入科考队，过两天就要参加环球科学考察。

皮豆的眼睛立刻亮了起来。"哈哈！这下有好玩的了！"皮豆心里也美了起来。

很快这个消息就传遍了他的几个死党：女王、博多、蜜蜜跟十一。

"有这么好的事情不带上我们？"皮豆他们几个聚在一起商量。

"不行，我得去找怪怪老师，环球科学考察可是我的一大梦想，说什么也得让他带上我！"博多着急地说。

"我也很想去世界各地看看，壮丽的高山，辽阔的草原，奔腾不息的河流……"蜜蜜还没抒发完她的感情就被女王给打断了："行了行了，都别说了！今天放学后谁都不许走，我们去找怪怪老师，必须让他带上我们。只许成功

不许失败！"

"Yes,Madam!"皮豆立正向女王敬了个礼。

"敬礼应该是用左手吧！"十一捉弄皮豆说，皮豆脸一红，立刻把举起的右手换成了左手，大家看了忍不住哄笑起来。

"看我不好好收拾你！"等皮豆明白过来，十一已经逃跑了。皮豆撒腿就追，就像野狼在撵兔子。

下午放学后，女王、博多、皮豆、蜜蜜和十一他们一起来找怪怪老师。

还没等女王张口，怪怪老师好像早就知道了他们的心思："你们几个小鬼不用说了，回去准备一下参加环球科考。"大家一听喜出望外，博多、皮豆跟十一拥抱在一起，兴奋地跳了起来。

"我们想请求您带着我们一起参加环球科考呢！没想到您主动邀请我们了，嘻嘻！"女王美滋滋地说。

"还是怪怪老师好，有好事就想着我们！"蜜蜜开始大唱赞歌。

原来，国家青少年基金会与国家科学院想举办一次热气球环球科学考察活动，由于怪怪老师还有女王他们几个以前参加过多次探险活动，早已名声在外，所以被邀请参加。

"看来名气大还真是挺有好处的！"女王感叹了一句。

周一，他们就被带到了国家科考训练中心。训练中心的教练先带他们了解了一下热气球的构造与飞行原理。

"热气球就像水中漂浮的小木块一样，原理是加热的空气膨胀后比周围

的空气轻，故而能飘浮在空中。"皮豆现在才明白热气球的飘浮原理。

"**热气球要靠风吹才能移动，在空中跟风的速度一样快。当然飞行方向也跟风向一致，是被风吹着飞的，飞行方向无法掌控**……"教练还没说完，皮豆又嚷嚷起来："那不糟了，如果我们想往西飞，风却往北吹，岂不是被吹没影了！"

教练笑了："**也不是完全不能改变飞行方向，想改变方向只能通过调节气球高度，寻找不同的风层来实现。**"

"那怎样降落呢？不会升到空中后落不下来了吧！"皮豆太心急，又冒出了一个问题，不过这也是大家都想知道的。

"**只要不再喷火加热气球内的空气，气球内的空气温度下降后就会变重，气球就会慢慢降下来了。**"

参加完训练已经是傍晚 6 点多了，怪怪老师带他们去吃晚饭。

"老师，你飞过热气球吗？"博多问道。

"当然！"怪怪老师一脸的高深莫测。

"当然，是当然飞过还是当然没飞过？"皮豆被怪怪老师整过多次，对怪怪老师这种模棱两可的回答很是敏感。

"当然是飞过，而且飞过两次。"怪怪老师看了皮豆一眼。

"啊！才飞过两次啊！今天教练说要飞过 1000 小

时以上才能操控热气球远距离飞行。"皮豆信心不足地看着怪怪老师，内心打起了退堂鼓，其他同学也有些动摇。

怪怪老师眯着眼睛笑了一下："哦！我是飞过两次，不过每次都超过两个月哦！"

"哎哟，不早说，我们都被吓得不敢去了！"蜜蜜开始撒起娇来。

大家都放心地笑了起来，满桌子的美食被他们一顿狼吞虎咽，一扫而光。

第二天早晨，天气晴朗，风力不大，是个放飞热气球的好日子。

怪怪老师带着女王他们来到热气球跟前，大家都被震撼了。

"好大的气球啊！"皮豆惊叹地说。

大家从舱门走进了热气球下的压力舱里。压力舱的上半部装有透明外罩，透明外罩也可视情况随时落下，视野很好。

"大家都坐好了，我们要起飞了。"怪怪老师嘱咐了一句。

"呼"的一声，蓝色的火苗冲出去两三米高，把女王跟蜜蜜吓了一跳。工作人员把固定热气球的拉绳解开了。

"起飞了，起飞了！"博多跟十一兴奋地喊了起来。皮豆把随身带的一个大包打开了，乌鲁鲁的头冒了出来。

气球已经升到了 600 多米的高度，他们很快飞到了城市的边界地区，高矮不同的楼房已经渐渐远去，绿色平坦的乡野张开了它的怀抱，正在迎接大家的到来。

"哇，太美了！"女王禁不住赞叹起来。在他们脚下，大地像铺了一层

绿色的地毯，无边无际。

"这就是平原，地面平坦，面积广阔，土壤肥沃厚实，特别适合种植粮食作物。平原是我们食物最重要的来源地。"

乌鲁鲁也想看一看，可是他个头儿还不到吊舱的一半，跳了好几下也没看到，最后急了："你们光看自己的，就不能帮个忙让我也看一眼吗？"

女王拍了一下乌鲁鲁的脑袋："脾气还不小呢！"说着把他抱了起来，放在吊舱围挡的小平台上。

"博多，你负责对飞行数据进行记录，比如速度、高度、温度、风向、风速等基本数据。如果有异常立马告诉我。"怪怪老师看博多对各项仪器很感兴趣，就把数据记录的任务交给了他。

"没问题！"博多有些兴奋，这可是真正的环球科考，是他一直以来的一大梦想。

皮豆斜靠在围栏上问道："怪怪老师，那我干什么？"他看到怪怪老师交给博多一个任务，自己好像矮了一截似的，心里有些不爽。

"你呀，你的任务是负责看好这喷火器，听从上升或者下降的指令进行操控。尤其是遇到空中乱流的时候，你可给我打起精神来，别出问题。"怪怪老师让皮豆掌管这么重要的设备，皮豆受宠若惊。

"继续上升！"怪怪老师下达指示。

"呼！呼！"喷火器的火舌向上舔去，皮豆手按开关操作得挺认真。

女王、蜜蜜还有乌鲁鲁正在欣赏着外面的美景。突然，热气球好像撞上了什么东西，猛然一震，紧接着吊舱开始前后左右大幅度地摆动起来。大家站立不稳，被晃得东倒西歪。最惨的是乌鲁鲁，直接从观景的小平台上摔了下来，这次可真是摔了个狗啃泥。

"快抓住扶手！"怪怪老师喊道，"皮豆，加快上升！"

蜜蜜吓得脸色都白了，死死地抓住扶手，一刻也不敢放松。

乌鲁鲁现在像个皮球似的在吊舱里滚来滚去，最后还是女王一伸手抓住了他。乌鲁鲁却已经两眼冒金星了。

"皮豆，加快上升！"怪怪老师喊道。

皮豆不敢怠慢，火舌喷得更猛了。

气球慢慢稳定了下来，大家松了一口气。

"刚才怎么回事？"蜜蜜惊魂未定。

"我们遇到空中乱流了呗！"乌鲁鲁抢着说。

"空中乱流？我怎么没看到？"女王有些惊诧地说。

"空中乱流就是空气中的乱流，就像水中的暗流一样。空气是没有颜色的，你当然看不到。"

乌鲁鲁接着说。

"好端端的怎么会有乱流？"蜜蜜接着问。

"乱流其实也是风，风是由空气的流动产生的，由于……"

"啊！风是由空气的流动产生的？"皮豆突然插了一句，打断了乌鲁鲁。

大家的眼睛都不约而同地转向皮豆，好像看着一个外星人。

"怎么了？"皮豆看着大家奇怪的表情，不自在地问。

"你连风是由空气的流动产生的都不知道？你这科学课是怎么上的？"
女王不解。

皮豆脸一红，结巴起来："我，我上课听不太懂，老打瞌睡。"

"真是个瞌睡虫！"蜜蜜说。

"我给你补补课吧！"博多跟皮豆最要好，出来帮皮豆解围。

"跟我们乘坐的热气球的道理一样，空气中各处的温度不同导致各处的空气重量不一样，温度高的地方空气轻就会上浮，温度低的地方空气重就会下沉。就像水从高处流向低处，空气也一样，重空气会流向轻空气下方，这种流动就产生了风。"

皮豆明白了，又问："那乱流呢？"

"就像水流遇到石头或悬崖会突然改变方向一样，风遇到山岭或温度差很大的地方也会发生方向的突然改变，这样就会产生乱流。" 乌鲁鲁又接着解释说。

这下大家总算是弄明白了。

脑力
大冒险

想一想热气球的上升原理，你能做一个简单的热气球吗？怪怪老师悄悄告诉你一个简单的方法，一定要在空旷的地方让爸爸妈妈陪着你做哦！

找个大而轻的塑料袋，细铁丝（越轻越好），棉花团，蜡烛。用铁丝扎住塑料袋的两端，把棉花团弄到铁丝中间，把蜡烛点着，滴蜡油于棉花团上（不要太多）。把袋子提起来，把下面的口张开。用打火机点燃棉花团，等塑料袋里热气充满后，试着放开手，小热气球就开始升空了！记得塑料袋一定要远离燃烧的棉花团，一定要注意安全哦！

第四章

遭遇暴风雨

"快看，快看！我们快到云层了！"蜜蜜兴奋地喊着。

头顶上一大团一大团的白云正在不断靠近，它们有的像绵羊，有的像狮子，各种各样，千奇百怪。随着风的吹动，不断变换着形状，好像一伸手就能够触摸到。

很快热气球就一头扎进了"棉花糖"中。

"什么也看不见了！"蜜蜜叫了起来。

外面白茫茫的一片，如同身处浓雾之中，这种感受很奇特。

"我们会不会迷路？"皮豆傻傻地问道。

还没等有人回答，忽然，大家眼前一亮，原来他们已经冲破了此处的云层，来到了云层上方。

气球的高度稳定了下来，底下已变得白茫茫一片，好像大海一样。云朵与云朵之间不时出现一些空隙，绿色的大地跟白云相间，像一幅美丽的图画，大家都好奇地看着这美丽的景象，简直像在做梦。

"这温度计是不是坏了？怎么显示才只有2摄氏度，刚才还20摄氏度！"蜜蜜不经意间发现了异常。

"看来蜜蜜的观察力提升了，有进步！"怪怪老师对蜜蜜另眼相看，"谁能解释一下？"

小伙伴们都面面相觑。

"还是我来说明一下吧！"鸟鲁鲁得意起来，

"空气中的温度并不是上下一样的，而是随着高度的增加，温度不断降低。通常情况下，每升高1000米，温度会下降6摄氏度，我们出发的时候地面的温度有25～26摄氏度，现在的高度有4000米，温度就会下降24摄氏度左右，所以外面的温度真的只有2摄氏度，温度仪没有出错哦！"

"那我们要是升高到8000米岂不是要冻成小冰棍儿！"皮豆大胆猜测了一下。

"你要是冻成冰棍儿，我就先来一口尝尝！"蜜蜜张开了大口向皮豆靠了过去，皮豆吓得赶紧躲到了十一背后。

一说到吃，鸟鲁鲁的肚子就"咕噜噜"叫了起来，所有人的目光都被吸引了过去。

"你们不饿吗？"乌鲁鲁问道。

大家都摇了摇头，乌鲁鲁的耳朵耷拉了下来："人类真是虚伪！明明饿了，还不承认，哼！"

"好，开饭了！不然乌鲁鲁饿极了要咬人啦！"怪怪老师拿出一块黑布罩在手上，在空中挥了一下手。皮豆立马抢过去掀开了黑布，从怪怪老师手中抢走了一盘食物，嘴里喊道："这一盘是我的！"然后从盘子里抓起一把就往嘴里塞，嚼了一口感觉像饼干。

乌鲁鲁早就饿了，闻到了熟悉的气味，呼地一下朝皮豆扑了过去。

"别跟我抢！"皮豆喊道。

"那是我的！"乌鲁鲁也喊了起来！

皮豆低头一看，盘子里的小饼干居然是小骨头形状的。

"呕……"皮豆差点儿吐了出来，十一赶紧把垃圾袋递了过去。

大家都在咬着牙忍着，博多实在忍不住了，他赶紧拿出一瓶水来喝了一口，可是还没有咽下去就喷了出来，喷了正对面的皮豆一身。这下大家再也忍不住了，都哈哈大笑起来，蜜蜜笑得都快喘不上气来了。

"我怎么这么倒霉！"皮豆一脸的无奈。

"这是一个教训，一定要懂得礼仪！"怪怪老师还真是挺坏的。

怪怪老师像魔法师一样，左一盘右一盘。不一会儿，大家已经吃上了大餐，皮豆得到了一份他最爱吃的"烤芝士土豆泥"和"水晶煎饺"。

"这还差不多！"皮豆满意地露出了笑脸。

热气球在白云间不断穿行，吊舱里的光线忽明忽暗。

大家正吃得起劲儿，一向很少说话的十一却提了一个问题："为什么天上会有这么多云？"

"当然会有云了，没有云哪来的雨！"皮豆吃得满嘴是油，好不容易明白点儿，赶紧抢着说。

"十一是问为什么会有云，你这算什么回答！"蜜蜜反驳说。

"皮豆说的也不是不沾边，雨就是水，云就是由水变成的。"博多又来帮皮豆。

"云怎么会是水变成的？"皮豆听着有些迷茫。

"其实我们都知道，水有三种形态，最常见的就是液态，是可以流动的，比如河流跟大海里的水；水还有气态的，比如我们用水壶烧水，壶嘴冒出的白色水汽，那就是水蒸气；固态的水就是冰，比如我们吃的冰棍。"博多说道。

"江河湖海里的水，加上花草树木与土地中的水不断被蒸发到空气中，含有水蒸气的空气不断上升。我们刚才说了，高度越高，温度越低，这样空气中的水蒸气就会凝结成小水珠，便形成了云。"乌鲁鲁接着说道。

"那云又怎么会变成雨呢？"蜜蜜也不太明白。

"当云中的小水珠受到气流的影响，不断碰撞聚集成为大水珠时，就会因为太重无法飘在空中而落到地面，就是我们看到的雨。有时候空中的温度过低，小水珠就会冻成小冰晶，落下来就是雪。如果是强气流带动小冰晶不断碰撞聚集成大冰球，就会形成冰雹。其实，云、雨、雪等天气现象就是水在大自然中气体、液体、固体三种形态的不断转化。" 怪怪老师最后总结了一下。

"这可比待在教室里看书学知识强多了。"女王情不自禁地说。

已经是中午一点多了，大家都有点儿困了，热气球仍在稳稳地飞行着。不知不觉间，吊舱内的光线暗了下来。

"轰"的一声一个炸雷，就像在身边响了一个大炮仗，所有人的耳朵都被震得嗡嗡作响。蜜蜜捂着耳朵一头扎到了女王背后。

十一跳起来瞭望了一下，原来他们已靠近一大片暗黑色的云层，里面隐约还有闪电在一闪一闪的。

"打起精神来，暴风雨来了！"怪怪老师喊道。可是大家的耳朵还在"嗡嗡"地响着，根本听不清怪怪老师说什么。

"赶快上升！"怪怪老师喊道。可是皮豆没反应，他已经听不清了。

热气球无法控制方向，现在被风吹着向雷电中心飞去。吊舱内几乎变成了黑夜，只是被闪电的亮光一次次打破。

怪怪老师发现气球没有上升，转头一看皮豆正呆看着自己。他做了个向

上的手势，皮豆才明白过来。"呼——"红蓝相间的长长火焰照亮了黑暗的云层。

怪怪老师想让气球摆脱雷雨，不然会很危险。可是气球越往上，闪电越密集，而且空气中的乱流也越厉害。

看来只能下降了，怪怪老师做了个向下的手势。皮豆把喷火器的喷火量调小，手在身上抹了两下，此刻他紧张得手心里全是汗。

热气球摇摇摆摆地向下落去，外面暴雨如注。透明吊舱上全是水，根本看不清外面的情况。

"盯紧高度仪！"怪怪老师向博多喊道。

"是！"博多应声答道，声音发抖。

女王跟十一紧抓着扶手，蜜蜜面色惨白，被暴雨浇湿的乌鲁鲁已经成了一个毛茸茸的大球，在吊舱里滚来滚去。

"高度多少？"

"1200 米！"

轰隆隆的雷声中，一道道闪电划破长空，吊舱在空中被大风吹得直打转。气球下降的速度越来越快。

1000 米，800 米……

雷声渐渐远去，风力也小了很多，看来暴风雨已经过去了。

离地面还有 500 米时，怪怪老师向皮豆喊道："加大喷火量，减慢下降速度！"

"呼！"火舌向上蹿去，气球下降的速度慢了下来，终于稳稳地落在了一处比较平坦的高地上。

"我的妈呀，可怕的暴风雨！"皮豆一屁股坐在地上，其他人也都筋疲力尽地坐了下来。

怪怪老师检查了一下热气球，幸亏没有出什么故障。他看了下手表，已经是傍晚 6 点了。

"大家配合得不错，今天晚上就停在这里过夜吧！"怪怪老师出去把热气球固定住。

十一拿出地图，博多看了一下定位仪，原来他们停在一大片山区之中，附近没有村庄。

吃过晚饭后，被折腾了半天的小伙伴们很快便进入了梦乡。

乌鲁鲁坐在怪怪老师身边正在看地图，忽然气球上的远距离探测仪发出"嘀嘀"的响声。

怪怪老师打开探测仪的屏幕，只见屏幕上显示一个小亮点正若隐若现地向远处移动，信号不是很清晰。探测显示，小亮点并不在空中，但速度比汽车还快，可从地图上看，那里明明是山区，而且也没有公路。

"怎么会有速度这么快的东西呢？"怪怪老师有些不解。

"我去看看！"乌鲁鲁站了起来。

"小心点儿！"怪怪老师嘱咐道。

舱门打开了，乌鲁鲁"嗖"的一下蹿了出去，矫健的身影在空中划出一道优美的弧线。

怪怪老师将皮豆变成了湖泊中的一滴小水珠，让他体验水的循环过程。你觉得皮豆会走过哪些地方？

脑力大冒险

第五章

地球生病了

暴雨过后的山区，到处是山洪，浑浊的河水滚滚流淌着。

"什么东西能在这样恶劣的地面情况下移动速度如此快？"怪怪老师陷入了沉思之中。

乌鲁鲁从吊舱中冲出来后，在半空中摇身一变竟成了一只机器狗。他纵身一跃便出去二三十米，跳了没几下便越过一座山岭，速度快得惊人。

吊舱中的探测仪再次发出了"嘀嘀"的声音，怪怪老师一看，屏幕中出现了两个小亮点，后面的小亮点正在快速向前面的靠近。

怪怪老师知道这是乌鲁鲁在追踪。

两个亮点的距离在逐渐缩小，忽然前面的亮点停了下来，不一会儿竟从屏幕上消失了。后面的亮点很快到达了前面亮点的停下之处，过了一会儿，亮点开始返回了。

几分钟后，乌鲁鲁回来了。

"到底怎么回事？"怪怪老师急忙问道。

"奇怪了！我到达后，发现那里有个很大的湖泊，追到湖边后什么也没有发现！"鸟鲁鲁回答说。

"看来是进入湖水中了，探测仪对水的探测性能比较差，所以探测仪上也失去了它的信号。"怪怪老师指着探测仪说。

"显然不是动物，也不像是人造物体。"怪怪老师与鸟鲁鲁对看了一眼，眼神中都充满了忧郁。

天亮了，一缕阳光扫了过来，山谷中逐渐明亮起来，一层薄雾笼罩在山林之上，隐隐约约传来阵阵鸟鸣。

"空气好清新啊！"鸟鲁鲁伸了个懒腰，爬了起来。

"嗨！"蜜蜜打了个哈欠，睁开了惺忪的双眼，可是刚睁开又马上闭上了。天已经大亮，阳光照了进来，有些刺眼。

"哟！终于醒过来了，我赢了，我赢了！"女王高兴地叫了起来。

"你赢什么了？"蜜蜜还是懵懵懂懂的。

"我们在打赌你跟皮豆谁是最大的懒虫，我跟十一很看好皮豆的，结果没想到竟被你抢走了。唉！回去要帮女王打扫一个星期的教室了。"博多叹了口气说。

"啊！怎么会这样！"蜜蜜惊叫起来，睡意全无。

"懒虫，懒虫！哈哈！"皮豆有节奏地喊着，这几天被蜜蜜踩了好几脚，这下有了点儿报复性的满足。

"别吵了，开饭了！"怪怪老师已经准备好了早饭。蜜蜜还在生闷气，在女王的劝说下好不容易喝了一碗粥。

　　"昨天晚上收到国家科学院的通知，最近全球各地发生了很多异常现象。比如，几乎同时，太平洋、大西洋与印度洋上空各自生成了一个巨大的强风暴。还有，南极大陆、北冰洋与青藏高原三大冰川产生地竟同时出现了快速消融现象；撒哈拉沙漠、中国西部的塔克拉玛干沙漠、澳大利亚中部沙漠也几乎同时出现大型沙尘暴。这些都是有记录以来从来没有过的现象。"怪怪老师郑重地说道。

"看来，地球生病了！"皮豆总结道。

"皮豆这比喻打得好。没错，地球真的生病了，只是我们还不清楚病因。"怪怪老师接着说，"从今天起，我们科考队要加强对天气、地理等各项数据的收集，配合国家科学院进行相关研究调查。"

"Yes，Sir！"大家异口同声地回应。

"呼呼"声中，火焰冲天而起，热气球缓缓升了起来。

"每升高 1000 米，博多报数一次，女王负责抽取空气样本一次，蜜蜜负责盯住探测仪，十一负责记录风速、风向及对外观察。"怪怪老师下达指示。

"是！"小伙伴们各司其职，紧张忙碌起来。

随着高度的上升，底下出现了很多小山丘，它们连绵不绝，像一波波海浪，高低起伏。小山丘上一层一层的梯田，就像海浪上的一层层细小波纹，别有一番景致。

大家都在低头观看，怪怪老师说：

"我们现在看到的就是丘陵，丘陵一般海拔较低，坡度平缓，比较适合种植果树和粮食作物。我们吃的很多水果都是丘陵地带长出来的。"

"怪怪老师，除了**平原**、**丘陵**、**高山**外，还有什么地形呀？"博多提问道。

"还有很多，比如，**高原**、**沙漠**、**盆地**、**沼泽**，等等。"怪怪老师讲解说。

"报告老师！外面的风速仪不转了，是不是出了故障？"十一负责观测风速，发现风速仪的读数变成了 0，抬头一看吊舱外原来快速旋转的转杆竟停了下来。

"风速仪是你负责的，上去看看怎么回事？"怪怪老师张口答道。其实以怪怪老师的能力，想要修好风速仪很容易，但这就是科学考察，只有自己亲自动手才能学到解除故障的知识。

十一打开吊舱上部靠近风速仪的小窗，探出大半个身子开始检查风速仪。

很快他就发现了故障的原因，原来是转杆中进入了泥水，导致摩擦力增大，最后卡住了。十一把转杆清理干净后，风速仪恢复正常，又快速转动起来。

正当十一准备回到吊舱里时，忽然来了一阵乱流，吹得吊舱猛地旋转了一下，把还没有来得及抽回身子的十一甩了出去。

女王一伸手抓住了十一的裤角，"哧"的一声，女王手中只留下了一块布条。十一"啊"地惊叫一声，向下面的黄土地扑了过去。

蜜蜜吓得脸色惨白地闭上了眼睛。女王转头找怪怪老师，发现怪怪老师已经不见了，连鸟鲁鲁也不知去向。

皮豆跟博多也慌了神儿，急忙探头向下看去，可是他们什么也没看见，身后却传来了十一的说话声："原来跳伞真的很过瘾！"

只听鸟鲁鲁嘟哝着："坐在我的脑袋上当然挺过瘾！"

大家立刻明白了是怎么回事。

皮豆嚷了起来："我也要跳伞！"

"跳吧，尽情地跳吧！现在下面可是坚硬的石头，相信你一定会玩得很开心。"鸟鲁鲁龇着牙狠狠地说。

怪怪老师意味深长地说："鸟鲁鲁，皮豆只是好奇，还是尽量满足一下他吧。"

怪怪老师刚说完，皮豆就掉了下去。

皮豆吓得眼睛都不敢睁开，心跳已经达到每分钟 100 多次。只听着耳旁呼呼的风声越来越响，他知道离地面已经越来越近了。他听到鸟鲁鲁的声音在旁边喊道："皮豆，快睁开眼睛抓住我，马上就落地了！"可皮豆不敢睁眼，他紧张地喊着："鸟鲁鲁，快来拉住我啊！""你再不睁眼就要落地了！还有 100 米、80 米、50 米……快睁眼啊！"鸟鲁鲁焦急地喊着。

皮豆猛地一下睁开眼睛，发现他正坐在吊舱里，衣服已被汗水湿透了。大家都在好奇地盯着他，博多问："过瘾吗？""太过瘾啦！我在白云间快速穿越，差点儿跟大地来了个亲密接触……"皮豆还没说完，发现大家已经笑得前仰后合了。

蜜蜜笑了半天，看皮豆还在那里一头雾水，说道："你

刚才只是被鸟鲁鲁给催眠了，根本就没有离开过这个吊舱，哈哈哈！"

皮豆的脸瞬间变成了紫红色，他愤怒地转头看向怪怪老师。怪怪老师两手一摊，无辜地说："是你自己非要体验一下的。这是一种非常安全的体验模式，你自己都认为是真的，我不是帮了你吗？"这番话弄得皮豆都不知该感谢还是该愤怒了。

热气球白天飞行晚上降落，连续飞了好几天。

一天傍晚，火红的晚霞烧满了天空，太阳已经准备睡觉了，远处出现了高耸的银白色山峰。

女王看了一下定位仪，吃了一惊，原来他们已来到了青藏高原的边缘，怪不得出现了这么多雪山。

"老师，为什么这么快就到青藏高原了？"女王不解地问。

"哦，因为我们一直在快速向西飞行！"怪怪老师说道，"现在这个季节一般白天都是刮东南风，再过一段时间可就反过来了。"

"为什么过一段时间风向就反过来了呢？"女王还是不明白。

"这是季节性的。现在属于初秋，陆地上白天温度升得快，空气也会被快速加热而变轻，而海水升温比较慢，相对比较重，因此空气会从海洋向陆地流动。我们中国东南方是海洋，西北方是陆地，所以夏秋两季主要刮东南风。当到了冬春两季时，则正好相反，陆地降温快，空气重，海水降温慢，空气轻，风向也就随之改变了。"怪怪老师讲解道。

"哦，我明白了。**怪不得夏天下雨多，冬天很干燥呢，原来是夏天刮东**

南风把海洋上富含水汽的空气吹到了陆地上，而冬天却是把干燥的空气吹向了海洋。"女王不愧是班长，学习上很会举一反三。

终于，他们在一块地势比较平坦的谷地降落了。整个山谷全被白茫茫的大雪覆盖着。

怪怪老师给大家穿上了保暖的登山服，伙伴们没一会儿就打起了雪仗。但很快，大家就感觉到特别疲惫，喘不过气来，连十一这样的体育健将都不例外。

博多坐在雪地里大口地喘着气："青藏高原地势太高，空气中的氧气含量只有平原地区的三分之一，所以最好不要剧烈运动。"

脑力
大冒险

蜜蜜对风又爱又恨：春天的徐徐微风温柔可爱，夏季的风湿热难耐，秋风凉爽宜人，冬季的风寒冷彻骨。其实我们的生活与风有千丝万缕的联系，你能说出风在生活中的应用吗？

第六章

秘密日记本

吃过晚饭，大家都钻进了帐篷里。

博多跟十一、皮豆一个帐篷。躺下不久，皮豆和十一就沉沉睡去，皮豆不时地还冒出一两句梦话。博多躺在睡袋里翻来覆去地睡不着，折腾到半夜，他爬出睡袋走出了帐篷。

外面寂静异常，低吼的风偶尔吹过，空气清澈透明，满天的繁星亮晶晶的格外清晰，感觉离得很近，好像伸手就能摘下来。博多仰望着星空深深地吸了一口气："哦！真是神清气爽。"

"难怪西藏的很多山峰被称为神山，这里可真是离天空最近的地方。"博多心想。他向四处打量了一下，不远处的雪地上，借着白雪反射的微微星光，一个人影伫立着。

博多打开手电照了一下，原来是怪怪老师。"难道怪怪老师也睡不着？"他走过去轻声问了一句。

"来，过来坐会儿！"不知何时怪怪老师手中多了一大块保暖隔潮垫。

"这里的星空可真美啊！"博多感叹道。

"那是因为这里的空气没有被污染，透明度很高。"怪怪老师说。

"明天我们先在这里的冰川上打冰芯，然后对其成分进行一下检测。"怪怪老师说着明天的计划安排。

"打冰芯？有什么用处吗？"博多好奇起来。

"因为青藏高原地势很高，空气清洁度好，而且这里温度很低，冰雪常年不化，所以能够很好地保存多年以来地球的气候变化信息。通过测定冰芯中一层层保留下来的各种灰尘、微生物及成分，就能了解到很久以来地球的气候、环境自然变化情况。"

"哦，这真是个不错的办法！"博多虽然对相关的检测技术不太明白，但这的确是一种很好的探测方式。

博多与怪怪老师不说话了，坐在洁白的雪地里享受着美丽的星空。一阵非常轻微的隆隆声传了过来，如果不静下来仔细听根本就听不到。

"什么声音？"博多侧耳倾听。

怪怪老师脸色一变，不由分说拉起博多的手奔向帐篷，他叮嘱道："我跟乌鲁鲁去查看一下，你们不要离开这里。"说完就急忙转身去找乌鲁鲁，很快消失在黑夜中。

博多从来没有看到怪怪老师惊慌过，这还是第一次。他自言自语地说："难道出了什么大事？"可是又想不明白，一低头要进帐篷，却见脚下有个黑色的笔记本，在微白的雪地里很显眼。

"这一定是怪怪老师丢的。"他弯腰拾了起来，走进帐篷。帐篷里黑咕隆咚的，博多不小心一脚踩到了皮豆的腿上，皮豆"嗷"的一声被踩醒了，疼得他抱着腿直叫唤，把十一跟另一个帐篷的女王和蜜蜜都吵醒了。大家都跑过来看怎么回事。

博多打开了灯，看了看皮豆的腿，没什么大事。

女王斜了皮豆一眼："真能叫唤，吵得人觉都睡不好！"她刚要起身离开，突然看到地上有一个笔记本。笔记本是打开的，上面好像画了一幅图。

女王拾起来一看，本子上画的是一幅星球图。在一个星球上画了一个正三角形，从三角形的三个角各向上引出一条直线，三条直线汇集到一点，从汇集点又引出一条更粗的直线指向远处的一个小星球，直线上还有一个指向小星球的箭头。画三角形的星球旁边标注着"地球"，小星球边上标注着"K星球"。

女王又随手翻了一页，只见上面写着："三个信号发射点已确定好，只是能量不足，还需要再储备三个月。收到信号后就可以对地球进行定位，然后抢占地球。到时 K 星球上的居民就有救了。"

"快给我，这是怪怪老师的笔记本，我们不能偷看。"博多想伸手抢过去。

　　"你们看！这画的是什么？"女王把笔记本摊开给大家看，"我看这里面好像有什么阴谋。"

　　"真的，这，这不是要引外星人来地球吗？"蜜蜜惊得两眼睁得很大。

　　女王又向前翻看，只见笔记本上详细记录了地球上的各种情况。

　　从最基本的陆地海洋、地形地貌、山川河流到详细的人口物产、城市交通、武器装备，再到各种矿产资源、气候变化，每一项都记录得非常详细。

　　不知什么原因，笔记本中对海洋的描述尤其详细：

"地球是我们所见到的星球中含水量最高的，它表面 70% 的地方被海洋覆盖。由于陆地的分割，海洋大体上分为四大部分，在地球上分别称之为太平洋、大西洋、印度洋和北冰洋。但实际上这四大洋的海水是互相连通的。其中太平洋最大，北冰洋最小。北冰洋位于地球最北端，非常寒冷，大部分地区被冰雪覆盖。

　　海洋中生活着大量生物，从地球上最小的微生物到地球上最大的动物，种类繁多。通过大量的生物化石分析，海洋应该是地球上原始生物产生的摇篮。经过很多年的发展进化，生物才逐渐从海洋来到了陆地上，并最终形成了现在地球上丰富多彩的生态系统。"

　　"照这么说，我们的祖先岂不是一条鱼？"

　　"都什么时候了还在这里没正经！"皮豆刚说完就被女王给批了一顿。

　　"我们都知道怪怪老师不是地球人，可他对我们这么好。如果他要引来外星人入侵地球，说什么我也不相信。"十一不断地摇头。

　　"我也不相信。怪怪老师和我们在一起这么久了，真要引外星人入侵早就引来了，为什么到现在也没发现有什么异常？"皮豆也认为不可能。

　　"我们是不相信，可这是怪怪老师的笔记本，上面还签着他的名字呢。本子上记录得清清楚楚，这又怎么解释？前几天怪怪老师不是还说全球各地发生了很多异常现象吗？另外，刚才他还跟乌鲁鲁慌慌张张地跑远了，不知道是不是跟外星人有关……"博多分析道。

　　"总之，确有可疑。我们以后要小心观察，看看怪怪老师是不是真有问题。"女王最后确定了行动方案。

博多赶紧把笔记本扔到了怪怪老师的帐篷门口,大家便假装睡觉了。

天快亮了,怪怪老师才跟鸟鲁鲁回来。只听鸟鲁鲁说道:"明明就在附近,为什么找不到他们呢?"

怪怪老师发出"嘘"的一声,鸟鲁鲁便不再说话了。他们悄悄走近帐篷:"咦?我的笔记本怎么掉到这里来了,多亏没让几个小家伙捡到。"

小伙伴们听怪怪老师这样说,越发肯定怪怪老师心里有鬼。

天亮后,怪怪老师把大家叫起来,一起去旁边不远处的冰川上打冰芯。打完后把一截一截的冰芯放入仪器中进行检测,并对检测到的数据进行详细记录。

博多试探着问道:"老师,我们为什么要到青藏高原来呀?"

"青藏高原是世界上最高的高原,有长久不化的冰川,是采集科考数据最理想的地方之一,我们怎么能不来呢?"怪怪老师回答得合情合理。

"我们出发吧!"怪怪老师一声令下,气球再次升上了天空。

看着眼前壮丽挺拔的雪峰与一望无垠的茫茫雪原,小伙伴们都兴奋地叽喳乱叫。一列长长的火车在雪原上奔驰,宛如一条长龙穿行在冰山雪原间,引得大家不断探头观望。

女王看到定位仪显示气球正在向南飞,便开口问道:"老师,按照科考计划我们不是应该继续向西,飞行到塔克拉玛干沙漠吗?怎么向南飞呢?"

"哦,我们临时改变了计划。向西南飞,到撒哈拉沙漠。都是沙漠地区,考察的结果没有多大差别。"怪怪老师的回答好像也没有什么问题。

气球飞过整个青藏高原，最后穿越了最南端的屏障——喜马拉雅山脉。

喜马拉雅山脉是世界上海拔最高的山脉。全世界 8000 米以上的高峰中，有 10 座位于喜马拉雅山脉，而最著名的世界第一高峰——珠穆朗玛峰则位列其中。珠穆朗玛峰海拔高达 8844.43 米。

"怎么越来越热啦？"皮豆嚷嚷着，头上已热出不少汗水。

女王指着定位仪："你过来看看，我们正在向赤道靠近，当然越来越热。"

"火车轨道听说过，赤道没听说过！"皮豆居然说得理直气壮。

"真是拿你没办法。"博多叹了一口气，"**赤道是地球南北半球的分界线，是地球上最热的地带。整个热带地区就是以赤道为中心的环地球地带，我们向赤道方向靠近能不热吗！**"

脑力
大冒险

参加过科考旅行的皮豆，在家抱着地球仪，对各种地形地貌如数家珍。如果你也可以乘坐热气球旅行，高山、冰川、峡谷和海洋，你最想去哪里呢？为什么？

第七章

撒哈拉之夜

　　天气越来越热，即使把吊舱里所有的窗户打开，依然像蒸笼一样。

　　"热死了！"皮豆懒洋洋地喊着，声音中透着一股烦躁。大家都没有了精神，乌鲁鲁也趴在地上吐着大舌头，呼哧呼哧直喘气。

　　"怪怪老师，快想点儿办法吧，不然我们就都热死了！"女王也忍受不了，向怪怪老师求救。

　　"是啊，怪怪老师，快想想办法吧！"蜜蜜也恳求道。

　　"好了，好了！真受不了你们。"怪怪老师被黏得没办法了。他双手向上一举，吊舱上方多了一个罩子，这样就能遮挡住强烈的阳光了，然后又挥了一下手，吊舱地板中间就多了一个大铁桶，桶中装满了冰块。小伙伴们立刻感觉凉爽多了。

　　"怪怪老师，您就再发发慈悲，每人来瓶冷饮呗！"皮豆也提出了要求。他向十一使了个眼色，十一也开始帮腔："再不补充点儿水分就虚脱了！"

"给！整天就知道吃喝！"怪怪老师无奈，只好又给每人弄了瓶冰镇汽水。

喝了几口冷饮，精神好多了。"怪怪老师，都在海面上了，为什么这里还这么热？"博多清了清嗓子问道。

"这里靠近热带地区，温度常年很高，只有一个季节——夏季。"怪怪老师回答说。

"啊！为什么这里只有夏季，而我们那里却有春、夏、秋、冬四季呢？"女王喝了口汽水斜倚在扶手上问道。

"对啊，为什么会有四季？"皮豆唯恐落后也跟着凑热闹。

"这就要从四季的形成说起了。"怪怪老师转过身来认真地说道。他伸出双手在空中虚抓了几下，空中出现了太阳与地球的旋转模型。

"大家都知道，地球要围着太阳转，这叫公转，公转一周需要一年时间；地球还在不断地自转，每24小时，也就是一天转一周。之所以会出现四季，主要是与地球围绕自转的地轴倾斜的角度有关系。你们仔细看，地轴始终指向北极星的方位，这样地球公转到不同的地方时，阳光照到地球表面的区域就会出现差别。"

怪怪老师让模型中心的太阳开始发光，果然地球公转到不同的地方时，阳光照到的地表的区域出现了变化。最明显的就是南北两极地区，一会儿北极地区完全处在黑暗中，南极地区则全天是光明的，一会儿则完全相反。不管怎么变化，地球的中间区域都会被阳光强烈地照射。

"看到没有，夹在中间跟两极之间的地区就是温带地区，光照时间会随着地球的公转不断变化，这样就出现一年四季的温度变化。光照多的时候是夏天，最少的时候是冬天，中间过渡的时间是春天和秋天。来，我们亲自感受一下吧！" 怪怪老师让模型不断运转，然后拉着小伙伴们的手一下子跳了起来，大家身体变得比蚂蚁还要小。他们落在了地球模型上，并随着地球模型的自转而转动。

"噢，看来我们在地球中间的热带地区，让我们测一下白天跟黑夜的时间长短吧。"怪怪老师说。不一会儿地球模型自转了一圈，蜜蜜眨着她的眼睛说道："还真有点儿白天与黑夜交替的感觉！"博多看了一下秒表："嗯，白天跟黑夜的时间长度真的相差不大。"

大家开始向北走去："差不多了，这里应该是温带地区了！"怪怪老师叫停了大家的脚步。博多再次测了一下白天跟黑夜的时间。"不用测了，我们都明显地感觉到了，现在白天比夜晚时间短，这应该是秋天或冬天了吧。"女王说出了大家的观点。

"再到北极去感受一下吧！"十一兴奋地说，好像大家真的在向北极进发一样。

"噢，我的天哪！白天越来越短了。"皮豆边走边说，"看来到了北极真的就没有白天了！"

"真是太神奇了！"蜜蜜站在北极的地面上，抬头向天，真的是看不到一丝"阳光"，"这就是所谓的极夜现象吧？"

"没错！"怪怪老师笑着说，"怎么样？现在都明白了四季是怎么形成的了吧！"

怪怪老师让大家恢复了身体大小，皮豆还在盯着太阳与地球的运转模型入迷地观看。

"地球真有意思，还总是歪着个身子转。"皮豆打趣说。

"你可别小瞧了这一点，如果不是歪着身子转，地球上各个地方就没有季节之分了，那可就没什么意思喽！我们就看不到春夏秋冬不同的景致，一年到头就一个季节多么单调无聊呀！"乌鲁鲁喝完冷饮舒服了很多，也插了一嘴。

"看来这地球的身子还歪得正好呀！"蜜蜜笑着说，小伙伴们禁不住对宇宙之神奇感到佩服。

"另外，这白天和黑夜我们也在上面经历过了，谁知道白天和黑夜是怎么产生的？"怪怪老师收起了太阳与地球的运转模型，转身问道。

"是地球自转产生的！"皮豆总算抢答了一次。

"连皮豆都知道了，其他人肯定都明白了！"也不知怪怪老师是在表扬还是讥讽皮豆。

怪怪老师来到吊舱边上向外一看，立刻大叫了起来："皮豆，赶快升高！"吓得皮豆一下子从地上跳了起来，"呼"的一声，长长的火舌冲向气球下口。气球的吊舱下方差点儿撞上一个上下不断"磕头"的大家伙。

"好险哪！"怪怪老师抹了一把脸上惊出的冷汗。

十一兴奋地喊道："快看哪，满地的瞌睡虫！"

"呼啦"一下，小伙伴们都站起来围到吊舱边上，地上满眼的"磕头"机器让大家迷惑不解："这么多！这是些什么东西呀？"

乌鲁鲁跳了个高，两只前爪趴在扶手上。他把脖子使劲儿抻了抻，总算看到那些所谓的瞌睡虫了："我还以为什么新奇的东西呢，这不是采油机嘛！"乌鲁鲁放下了前爪，摇了摇头说。

"**采油机**是什么？"博多的好奇心比较重，他蹲下来看着乌鲁鲁问。

"**就是开采地下石油的机器。这里是海湾地区，是目前地球上石油储藏量最大的地区，这些瞌睡虫就是用来开采地下石油的。**"乌鲁鲁这一解释，博多才注意到，原来他们已经到达阿拉伯半岛了。阿拉伯半岛是世界上最大的半岛，大部分地区为沙漠地带，气候比较干燥。

太阳西斜，吊舱里用来降温的一大铁桶冰已经融化成大半桶水。好在现在的气温有点儿下降，已没有中午那样燥热了。

快到傍晚的时候，大家发现气球再次来到了海洋上空。博多看了一下定位仪，已经到达了红海。红海是一片狭长的

海洋，过了红海就是非洲大陆了。

"我们马上就要到达埃及了！"博多随口报了一下方位，没想到大家一听到"埃及"两个字都反应热烈。

"我们马上就会看到金字塔跟狮身人面像了吗？"蜜蜜急切地问道。

"那可以看到世界第一长河——尼罗河了？"皮豆居然还知道尼罗河是世界第一长河。

"还早着呢，估计今天是看不到了！"乌鲁鲁伸了个懒腰，特意把腔调拖得长长的，好像故意跟大家过不去似的。

外面，太阳已经西斜，马上就要进入傍晚了。怪怪老师站在吊舱边上看着太阳西下的方向，面色凝重。西边的地平线模糊不清，不知道晚上会不会起风。

等到天快完全黑下来的时候，怪怪老师总算找到了一个过夜的地方，就在一座小金字塔旁边。

小伙伴们有些奇怪，为什么大晚上的在一座小金字塔旁边落脚。蜜蜜忍不住问了一句，怪怪老师却笑而不答，只是说等晚上就知道了。

但是大家都想到了昨天晚上的日记本，里面的那句话让大家一直忐忑不安，却不敢询问。

皮豆试探着说："怪怪老师不说，难道是晚上要给我们个惊喜？"

乌鲁鲁点了点头："嗯！绝对是惊喜，而且是特大惊喜！"说完，他自己都忍不住偷笑了起来。

夜幕降临，怪怪老师在沙地上生了一堆篝火，大家围在火堆旁边说笑边

吃着丰盛的晚餐。怪怪老师特地给大家弄了个大西瓜，吃完晚饭大家席地而坐吃起了西瓜。

沙漠里的昼夜温差很大，白天温度最高时能超过 50 摄氏度，打个鸡蛋很快都能煎熟了，晚上却又会迅速下降到 10 摄氏度左右，有点儿深秋的感觉。

大家正对着金字塔，话题自然很快集中到了金字塔上。"埃及最高大的金字塔是胡夫金字塔。听说金字塔是古代埃及帝王的陵墓，是这样吗，怪怪老师？"博多首先挑起这个话题。

"没错，里面还有很多木乃伊，据说还被下了很多恐怖的咒语！"皮豆伸手指了指金字塔半空中的一个洞口抢着说道，"看到没有，洞口就在那里！"

"啊！"蜜蜜听皮豆这么一说，吓得惊叫了一声。皮豆达到了自己预想的效果，得意起来。

"你是电影看多了吧！哪有那么多乱七八糟的东西！"女王回了皮豆一句。

十一也加入了讨论："传说是有一些不可思议的现象……"

女王扮演光芒万丈的太阳，博多扮演勤奋自律的地球，皮豆扮演皎洁明亮的月球。三个人按照天体的运转规律，玩起了公转、自转的游戏，最后皮豆的头都要晕了。同学们，你们也模拟下太阳、月亮和地球的公转、自转吧！看看谁的头脑最清楚，不会糊涂。

脑力
大冒险

第八章

遭遇沙尘暴

怪怪老师的担心不无道理，正当大家吃着西瓜谈论正欢的时候，皮豆发现了异常："快看西边的月亮，刚才还很明亮，现在怎么模糊起来了！"

乌鲁鲁抬头一看，双眼立刻睁大了，叫起来：

"是沙尘暴！快躲起来！"

怪怪老师一挥手将热气球变成了一个小不点儿，装进了口袋。

狂风裹挟着大量沙土冲了过来，所有人立刻被笼罩在沙尘狂风之中。大家不得不赶快闭上眼睛，并用手捂住口鼻。蜜蜜被风吹得快要飘走了，她张口呼救，可是嘴一张开立马被灌满了风沙，根本发不出声音，还被尘土呛得一个劲儿地咳嗽。狂风呼呼地吹着，除了风声什么也听不到。

忽然，大家感觉风沙没有了，周围清静下来。睁开眼睛一看，所有人都站在一个不太宽敞的通道中，通道的墙壁都是大石块砌成的。

"这是哪儿？"皮豆问。

怪怪老师笑而不语，皮豆看到脚下还有一层薄薄的细沙，心想："难道我们还没有离开沙漠？可是这里是大沙漠，周围怎么会有石头？"他百思不得其解。

忽然，他好像意识到了什么，脸色变得惊恐起来，结结巴巴地问："我们不是在……在金字塔中吧！"

乌鲁鲁看着皮豆咧开了大嘴，点了点头："嗯，不错！皮豆的思维有长进了！"

突然一声尖叫，把所有人都吓了一跳。原来是蜜蜜听到了这个答复，吓得叫了起来，她口中喊着："我不在这里面，我不在这里面！"女王也差点儿晕过去。毕竟都是小姑娘，遇到这种事都会失去冷静。

怪怪老师笑着说："这没什么可怕的，金字塔早就空了，就是个石头建造的大屋子而已。再说了，有我跟乌鲁鲁在，你们不用担心。"

乌鲁鲁还在那里没完没了："我早就说过了，今天会给你们个大惊喜的，哈哈哈！"

十一胆子大："这么说，我们正好可以探一探金字塔喽！"

"以前总是在电视上看到金字塔，这次真进来了，还真应该好好看看！"博多也赞同。

刚才还坐在沙地里吃着西瓜，口沫横飞地介绍金字塔的皮豆，现在却有些蔫了。十一从后面拍了一下皮豆的肩膀，皮豆却哆嗦了一下，感觉脖子都僵硬了，头都不敢转。

"哈哈，看你那个胆小的样子！"十一笑了起来，其他人看了皮豆那滑稽的样子也跟着笑起来。

气氛变得轻松了，看来也没什么可怕的。

怪怪老师给每人一个手电筒，大家沿着走廊向里走去。皮豆现在因为恐惧，听觉变得异常灵敏，刚走没几步，就神经质似的喊道："什么声音？"所有人都侧耳倾听，一点儿很微弱的呼啸声，不注意还真听不到，而且好像是从身后的方向传来的。

"扑哧"一声，乌鲁鲁忍不住笑了："是外面的风声，经过金字塔的走道传进来，不用担心！"

"唉，差点儿让你吓死！"博多抹了一把脸上的冷汗，看来博多也是在打肿脸充胖子，其实心里也怕得要死。

终于，走到了通道的尽头。经过一段向上的台阶，他

们进入到一个"大厅"中，里面放了一个巨大的石棺。石棺已经打开。十一过去用手电筒照了一下，里面空空的什么也没有。博多用手电扫了一下，墙壁上画了一些壁画，很多已经模糊不清了。

"金字塔也不过如此嘛！"蜜蜜跟着大家转了一圈儿，基本上打消了对金字塔的恐惧感。

"这里就是古埃及国王的墓室，大家都看过了吧，其实也没什么特别的。**金字塔真正特别的是它的建造技术。在四五千年前要建造这么大的工程，而且建造的精度如此之高，这才是它的神奇之处。**"怪怪老师拿出一把小刀，用刀刃向两块石头之间的缝隙插去，竟然没能插进去。"大家可以看看，几千年过去了，两块石头之间的缝隙居然连这么薄的刀刃都插不进去。"

怪怪老师不说，大家还真是注意不到这些细节。"古代埃及人的建造技术确实很厉害呀！"博多伸手摸了摸那些石头接缝。

等到所有人从金字塔里出来的时候天已经蒙蒙亮，沙尘暴也已经过去，外面恢复了平静。但是让大家意想不到的是，小金字塔旁竟多了一个四五十米高的小沙丘。

女王第一个出来的，她看了一眼外面，完全不认识了。她记得周围没有这么高的沙丘啊。

"我们是不是走错地方了？"蜜蜜出来后问道。

"这就是沙漠地区，随时会有变化的。这沙丘就是刚才这场强大的沙尘暴带来的。沙漠里的沙子会随着风四处飘动。这次可能是受到小·金字塔的阻力沉积下来，很快就堆积成一个沙丘。"

"哦！这个沙丘的位置正好是我们晚上露营的地方，如果我们没进入金字塔躲避，现在正好被埋在沙丘里了！"十一看了一下位置，推测道。

"沙尘暴真够可怕的！"蜜蜜看着眼前的沙丘还有些后怕。

"那是什么？"博多伸手指着不远处的一个"大蘑菇"。

"好大的蘑菇呀！"蜜蜜兴奋地跑了过去，大家便也跟过去。

"原来是个石头蘑菇，还以为可以采下来做菜吃呢！"蜜蜜跑到跟前才发现上当了。

"这是沙漠里的风沙长年磨蚀岩石的结果，也就是我们常说的'风蚀'。"博多笑着说。

"没想到风沙这么厉害！"皮豆感叹道。

"沙尘暴的厉害我们不是刚体验过嘛！"女王想起满嘴的风沙还有些后怕。

"风蚀只是侵蚀的一种。是风力、流水、冰川、波浪等力量在运动状态下改变岩石及其风化物的过程。侵蚀作用可分为风化、溶解、磨蚀、浪蚀、腐蚀和搬运作用。像河流能把泥沙带到下游沉积下来成为平原，海浪把岸边的岩石拍打击碎并研磨成细沙，等等。"

"好了，天还有些早，大家抓紧时间休息一下。"怪怪老师说着重新支起了帐篷。正当大家准备再睡会儿时，怪怪老师的口袋中却响起了"嘀嘀"的警报声。

怪怪老师急忙把口袋中的热气球拿出来恢复到原来的大小，并跑进吊舱中。果然探测器屏幕上显示一个小亮点正在向他们迅速靠近。小伙伴们不知发生了什么事情，也跟着跑进吊舱中。

怪怪老师向乌鲁鲁使了个眼色，乌鲁鲁悄悄退出吊舱。博多看着探测器上不断靠近的小亮点问道："是什么正在向我们靠近？"

"没什么，可能是一只老鹰吧！大家不用担心。"怪怪老师不自然地说道。可刚说完，屏幕上又出现了一个亮点，这个亮点竟直接向刚才的亮点迎了上去。

小伙伴们不约而同地想起了那个笔记本，心里都莫名紧张。一紧张皮豆就想喝汽水。

"老师，我，我想喝汽水！"皮豆的手心都开始出汗了。

"来，每人一瓶！"怪怪老师看出了他们的紧张，想缓和一下气氛。

显示屏上的两个亮点很快接近了，忽然，之前冲向他们的亮点消失了。

"不好！"怪怪老师喊了一声，冲出吊舱。

小伙伴们不知发生了什么事情，都跟着跑出吊舱，可根本看不到怪怪老师的影子。

"你们说，怪怪老师是不是在跟外星人接头？"皮豆开口说，他的声音微微发颤。

"好像是，又好像不是！"十一说的让人摸不着头脑。

"从探测器上看，他们好像是在会合接头，可为什么其中一个消失了呢？而且怪怪老师很紧张地喊道'不好'……"十一继续分析说。

"有道理！"博多附和着。

大家在沙地上围成一圈儿坐了下来，七嘴八舌地讨论起来。

正当大家说得起劲儿的时候，皮豆放在沙地上没喝完的半瓶汽水忽然倒在地上，瓶中的汽水淌了出来。只听"呜哇"一声怪叫，一个奇怪的黑影正站立在汽水瓶旁边，不住地跺脚。他的脚上正在不断冒气，如同被热油烫伤了一样。

坐在皮豆对面的十一将这一切看得清清楚楚，他大喊一声："快跑！"
然后伸手拉起旁边的蜜蜜就向吊舱跑去。其他人不知发生了什么事，都跟着
一溜烟地跑进吊舱，"咣"的一声把门给锁上了。

那个黑影显然也措手不及，正要转身逃走，却被乌鲁鲁跟怪怪老师从前
后围住。一张大网罩了下来，终于抓住了他。

脑力
大冒险

请查阅资料，列举
沙尘暴形成的原因。面对
如此严峻的环境问题，我们应
该怎么做？

第九章

怪怪老师的真实身份

小伙伴们看到眼前的一切都惊呆了。怪怪老师走了过来，笑着说："开开门，出来看看我们抓到了什么！"

小伙伴们被吓坏了，没人给他开门。怪怪老师叹了口气："看来还得我亲自动手。"说完就出现在吊舱里，伸手把门锁给打开了。

"都不要害怕，听我给你们讲个故事，大家就明白了。"怪怪老师说着，伸手拉着女王跟皮豆的手走了出来。

大家过去看了一眼被网得结结实实的黑影，竟是个非常丑陋怪异的家伙。蜜蜜看到后吓得赶紧跑到怪怪老师的背后。

"来，大家坐下说吧！"怪怪老师拉着小伙伴们围坐在沙地上，毛茸茸的鸟鲁鲁也已经恢复了他那可爱的样子，跑过来坐在怪怪老师旁边。

"其实我们这次环球科考最重要的任务就是探测外星人的存在。吊舱里的那台探测器是我亲自设计的，用来探测外星人的。没想到他们竟有透明防

护罩，能够躲避探测，这也难怪我跟乌鲁鲁追踪多次都没能找到他们。"怪怪老师喝了口汽水，接着说道："这次能够成功发现一个外星人还多亏了你们几个小鬼。"

"啊！多亏了我们？"大家异口同声地惊呼。

"是啊，要不是皮豆的汽水瓶被那个外星人不小心碰倒，汽水洒到身上，破坏了透明保护罩，我们就无法看到他，更说不上抓住他了。"怪怪老师举了举手中的汽水瓶微笑着说。

"哼！看吧，这次我可是立了大功。若不是我要汽水喝，把汽水瓶放在旁边做陷阱，怎么能抓得住那个外星人！"皮豆的老毛病又犯了。

"你还真有先见之明啊！那刚才冲进吊舱的时候怎么跑得比兔子还快？"蜜蜜毫不客气地讥讽道。

"我，我，我那不是尿急嘛！"皮豆支支吾吾起来。

"哈哈哈……"

大家都笑得前仰后合，乌鲁鲁笑得咳嗽起来。

等大家笑够了，怪怪老师又接着讲了下去。

"还记不记得大约一个月前，你们跟乌鲁鲁一起用天文望远镜观测月亮时看到的流星雨？"

"记得！那是我们第一次看到流星雨，简直太壮观了！"皮豆抢着说。

"那根本不是流星雨，而是一艘外星飞船，在它靠近

地球时不知什么原因出现故障，被地球引力吸引进入大气层，结果与一颗地球卫星相撞，破碎后分散坠毁了。从地球上看就像是流星雨一样，其中最大的一块坠落到地面上。当然，这一情况被地球上多个国家探测到，但坠落到地面的那一块碎片却始终没能找到。正当各国紧锣密鼓搜寻时，地球上却突然出现异常现象，就是我上次给大家说过的国家科学院的通知。国家科学院知道我跟乌鲁鲁的身份是外星人，所以才组织了这次环球科考，一是探寻地球异常情况的原因，二是探测是否有新的外星人进入地球。"

"原来是这样！我们还以为你跟乌鲁鲁有什么阴谋呢！"女王不好意思地说。

"难道你们几个小鬼偷看了我的日记？"怪怪老师笑道。

"我们不是有意的，是你不小心丢到了地上，被我们拾到后才看到的。看了后，我们害怕极了。"蜜蜜急忙解释。

"看来我不把事情的原委说清楚，你们还是不放心啊！呵呵！"怪怪老师沉思了一下，说出了一个让大家惊讶不已的故事。

大家都知道，怪怪老师跟乌鲁鲁是距离地球非常遥远的阿瓦星人。他们酷爱星际旅行，曾经到达过很多星球，K星球就是其中之一。

K星球的科技发达程度远超地球，但是由于只顾快速发展没有保护好环境，导致濒临灭亡。为了寻找更适合居住的星球，K星球向宇宙派出多个搜寻小队，怪怪老师跟乌鲁鲁还有三名队员便是其中的一支。当他们跨越遥远的星际来到太阳系时，发现了地球这颗适合居住的星球。但是他们的飞船在探测木星穿越木星光环时，躲闪不及，不幸被密集的石块和冰块撞击，飞船受损，好不容易飞到地球就坠毁了。怪怪老师跟乌鲁鲁也身受重伤，多亏被地球人及时发现抢救了过来。

被救后，怪怪老师跟乌鲁鲁没有忘记他们来的主要任务。他们俩对地球进行了详细的调查，并记录在笔记本上，最终认为地球非常适合居住，应该赶快通知 K 星人地球在太空中的位置，引领 K 星人抢占地球。但怪怪老师乘坐的飞船已经坠毁，无法向 K 星发送无线电信号，为此他们进行了详细的勘察，想出一个办法。那就是在地球上确定三个地点，组成一个大的正三角形，然后在三个地点同时发射无线电信号，三股信号在穿出地球大气层后汇集到一起，形成一股更强大的信号发射给 K 星，以此来通知 K 星人地球在太空中的具体方位。

"啊！这么说，你是 K 星的星际间谍？"听了怪怪老师的述说后，博多禁不住惊叫起来。

"没错！我跟乌鲁鲁都曾经是 K 星间谍。"怪怪老师微笑着说。

"曾经是？"女王沉吟了一下，"那现在不是了？"

"没错！"乌鲁鲁接口道，"我们一切准备都做好了，连地球上三个最佳信号发射点的具体位置都确定好了，但当我们真要准备发送信号的时候却犹豫了。"

"为什么犹豫了？！"皮豆总是耐不住性子，打断了乌鲁鲁的讲述。

"我们经过调查发现，地球几乎是宇宙中一个完美的星球，虽然几十亿

年前地球也是一片荒芜，但现在它却生机勃勃。虽然人类的发展也对地球产生很大影响，却远没有达到毁灭的程度，而且现在人类自身也认识到保护地球的重要性。如果真把 K 星人领到这里，K 星人的科技水平远超过地球，到时地球就会被 K 星人侵占，人类的命运就很难说了。况且按照 K 星人的发展模式，恐怕用不了多久，地球也会被毁灭，成为第二个 K 星球。"

"就是！地球人还救过你和怪怪老师的命呢！你们总不能恩将仇报吧！"乌鲁鲁还没说完，皮豆又忍不住插嘴了。

"没错！"大家群情激奋。

"好了，好了！你们不要激动，这不是没有通知嘛！"怪怪老师示意大家停止吵闹。

"就这样，最后我们留在了地球，没有向 K 星发送信号。"鸟鲁鲁说完了。

"这还差不多！"蜜蜜小嘴一噘，"这才是我们最可爱的怪怪老师和鸟鲁鲁！"

"怪怪老师，你们大老远从阿瓦星找到地球，走了这么远的路，一定探测过很多星球吧？是不是在很多星球生活过？为什么最终会选择在地球生活呢？"博多很好奇地问。

"这得从选择星球的标准说起了。"怪怪老师稍一停顿，整理了一下思绪。**"适合居住的星球至少要具备两大基本条件：一是要有大气层，二是要有液态水。没有空气，无法呼吸；没有水，生命活动的大部分过程都无法完成。"**

"因此，只要符合这两个标准的星球，我们都会再进行详细调查。"鸟鲁鲁接着说道，"可是，我们探测过数不清的行星，并没有发现同时具备这两个条件的星球。有的虽然有大气层，但大气层中空气的成分要么不含氧气，要么就是有害气体成分太高；有的虽然有水，但温度太低，全是以冰的状态存在。总之，一路找来，在太阳系中只发现地球同时具备这两个条件。"

"这太不容易了！"怪怪老师感慨道。

"经过详细调查我们发现，地球的大气层中约含有 21% 的氧气和 78% 无害的氮气，以及少量的二氧化碳与水蒸气。大气层的厚度也超过了 1000 千米。自地表起垂直向上，大气层通常分为五层：对流层、平流层、中间层、热层和外逸层。对流层，与人类关系最密切的一层，我们常见的风、雨、雷、电等天气现象就发生在这一层。平流层，飞机一般在这一层中飞行。平流层中

的臭氧层吸收太阳紫外线，保护地球上的生物免受太阳的有害辐射。中间层，进入大气的流星体大部分在中间层燃尽，对地球上的生命具有很好的保护作用。"乌鲁鲁接着说道，"如果大气层消失，地球的水分将会一夜之间化为乌有，生命便会枯竭。地球将会跟月球、火星一样，只剩下一块块岩石。"

"这可真是完美的大气层。"怪怪老师赞叹不已。"说起来 K 星也曾经是一个非常美好的星球，只可惜……"

"那水为什么这么重要呢？"十一也忍不住问道。

怪怪老师解释说："水可是生命之源。地球上的动植物体中都含有大量的水，比如人体的 65%、鸡蛋的 75%、鱼的 85%、水果蔬菜的 90% 都是水。水可溶解物质，能够给生命体提供大量营养，而且很多生命活动需要在水环境中进行。可以说，没有水就没有生命。"

"没想到，最普通不过的空气和水竟是对我们最重要的东西。"十一感叹道。

脑力大冒险

根据怪怪老师说的标准，请查阅相关资料，分析一下太阳系里其他行星的环境条件。

第十章

K 星的灭亡

"你们的问题问完了吧？"怪怪老师扫了大家一眼。小伙伴们想不出还有什么要问的，都默不作声。

"那好，我们该问问他了！"怪怪老师抬手指向被网住的外星人。

怪怪老师用脑电波跟那个外星人进行交流，脸上的表情一会儿惊讶，一会儿又变得悲伤。

过了半天，怪怪老师才转过头，对着乌鲁鲁缓缓地说："K 星已经灭亡了！"

乌鲁鲁低着头叹了口气，神情有些落寞："早就想到这个结果了！真是自取灭亡啊！太可惜了……"

毕竟怪怪老师和乌鲁鲁在那里生活了一段时间，早已经把它看作另外一个故乡。

"怪怪老师，你怎么知道 K 星已经灭亡了？"博多急切地问道。

"这名外星人刚才告诉了我他们星球的星际坐标，那是距离 K 星不远的 R 星。R 星的科技发展水平跟我们 K 星相差不大，基本处于同一程度。他说 R 星人已经探测过 K 星，K 星上一片寂静，没有任何生命活动的迹象。"

"啊！怎么会这样？到底是什么原因导致 K 星灭亡了？"博多追问起来。

"乌鲁鲁，你来说吧！"怪怪老师黯然神伤。

"K 星上的水相比地球上的水要少很多，随着 K 星物质文明的快速发展，消耗了大量的矿物与能源，与此同时产生了很多有毒气体与物质，对空气与水源造成了污染。起初污染并不严重，但随着 K 星上各个国家间竞争的加剧，污染越来越严重，然而没有哪个国家愿意停下来。因为 K 星上的空气与水源是共享的，各国之间谁都不听谁的，唯恐发展落在了别国后面，最终导致矿产资源被开采殆尽，污染达到顶峰。疾病流行，K 星人大量死去，仅剩少量人靠过滤空气与水源生活。实在没有办法了，他们集中全 K 星的资源打造了一批星际飞船，希望能够寻找到适合居住的星球，找到后就会放弃 K 星，搬迁离开。"乌鲁鲁说得很慢，声音也很低沉。

"没想到空气与水源污染会产生这么严重的后果。太可怕了！"蜜蜜惊得嘴巴都合不上了。

"可我们地球上的空气和水污染也已经四处肆虐了！新闻上经常报道这样的事情。"十一气愤地说。

"我们地球可不能重蹈 K 星的覆辙！"博多喊道。

"对，我们一定要想办法阻止污染继续下去！"皮豆紧紧地握起了拳头。

"好在地球上的许多国家已经意识到这个问题的严重性，达成了很多共识，也签署了诸多控制和治理污染的协议，只要共同努力还是会取得成效的。"看来怪怪老师对地球事务还是挺关心的。

K 星已经灭亡了！

"我们以后要多宣传环境污染的危害，从自身做起，从身边的事做起，让大家都行动起来，共同努力！"女王目光坚定地说。

"没错！"乌鲁鲁看着女王赞赏地点了点头，"一定要把地球保护好！"

"光喊口号可不行，我们到底应该怎么做才能减轻环境污染呢？"皮豆这句话说到了点子上。

"问得好！"怪怪老师表扬了一下皮豆，**"我们要从自身做起，不乱扔塑料袋、废电池等各种废弃物；减少排放各种废气、废水和有毒气体；加强对工业生产中污染物的治理；加强植树造林，绿化环境，节约用水等。"**

"那这次 R 星人到地球来，是不是有相同的企图呢？"博多又把话题转向了外星人。

"没错！"怪怪老师面色凝重地说，"他们就是星际间谍，目的跟我们当年一样，想抢占一个适合居住的星球，最终找到了地球。与我们相同的际遇是，他们的飞船竟然也出了事，并坠毁在地球上。"

"还有什么情况没有告诉我们？"怪怪老师转头向外星人问道。

外星人使劲儿摇了摇头。

"那我就提醒你一下，地球外的三艘小飞船是怎么回事？"怪怪老师双眼紧盯着外星人。

外星人脑袋晃了一下，显然很吃惊："看来什么也骗不过你。那三艘小船是在大船即将坠毁前仓促发射出去的。可两天前，不知什么原因，三艘小船都失去了联系。"

"几天前，地球三大洋上空的强风暴是不是你们搞的鬼？"怪怪老师继续追问。

"没错！那是我们指挥三艘小船对地球进行风力试验。"外星人承认了。

"承认就好！刚来到地球就弄出大风暴，显然你们的到来对地球有害无益。因此，三艘小船已经被地球人击落了。"怪怪老师背起双手，来回踱了几步。

"这次科考的主要任务已经完成，我们马上返回吧！"怪怪老师一把拉起外星人向热气球吊舱走去，没有人注意到网住外星人的网兜破了个小口子。

鸟鲁鲁提议先休息一下，因为大家折腾了一晚上，都有些累了。

事情基本弄清楚了，小伙伴们的精神都放松下来，一个个哈欠连天。他们很快一头扎进帐篷里，不到一分钟已经鼾声四起了。

怪怪老师把外星人留在沙地上，和鸟鲁鲁走进帐篷。

"起床了！起床了！"鸟鲁鲁在外面大喊，小伙伴们揉着惺忪的睡眼，极不情愿地从睡袋里爬了出来。

刚走出帐篷，一股干燥炽热的空气便包围了过来，让人极不适应。

"这才睡了多大会儿啊！"皮豆还没睡醒，口中发出梦呓般的声音。

"外星人逃走了！"乌鲁鲁火急火燎地说，"马上出发，不然就追不上了！"

小家伙们这才一个激灵清醒了过来，大家向吊舱跑去，只见怪怪老师正盯着探测仪上不断移动的小亮点。

五分钟后，气球已经飘在空中了。

"博多、皮豆，你们两人配合，找到东北风向，我们要向西南方向追踪。"怪怪老师发布指令。

"是！"博多跟皮豆立刻忙活起来，他们很快找到了正确的风向，看来这一段时间的磨炼没白费。

大家凭栏而望，连绵不断的沙丘无边无际，远远看去，满眼黄沙，空空荡荡，真是个不毛之地。

十一凑到怪怪老师身旁："亮点会不会再消失？"

"不会了，因为他的防护罩已经被皮豆的汽水破坏了！"怪怪老师漫不经心地回答。

"我明白了！你是故意放走外星人的吧？"女王看出了点儿门道。

怪怪老师伸手刮了一下女王的鼻子："看来想骗到你们几个小鬼还真不容易。"

"像沙漠这种地方连棵草都很少见，更不用说动物了！"皮豆无聊地又挑起了话题。

"谁说的，你没看电视节目《动物世界》里介绍的，沙漠里动物还不少呢！蜥蜴、蝎子，甚至还有响尾蛇。"博多接口说。

"前面有个大湖！"十一有了新发现。

"湖水周围为什么没有绿洲呀？"博多看着有些不对劲儿，乌鲁鲁回应说："这是个盐湖，当然没有绿洲了。"

"盐湖是什么湖？"皮豆托着下巴，头也没转地问道。

"沙漠里水分蒸发很快，时间一长周边河流带到湖里的盐分积累下来，导致湖水的含盐量很高。而通常只有淡水里才能生长植物，这个湖含盐量太高，植物无法生长，倒是可以晒出不少盐来。"

正说着，热气球已经飘到大盐湖的上方，盐湖的水看起来很浅，湖面像镜子一样平静。从热气球上向下看去，湖面倒映着蓝天白云，分不清上面是天空还是下面是天空，仿佛置身在一个奇幻的世界。岸边则是一望无际的荒凉沙漠，真有点儿电影中火星的景象。

"快看哪，我们来到天堂了！"蜜蜜已经被眼前梦幻般的景象惊呆了。

"太美了！"连一向镇定的女王也激动起来。

大家听到两位女生的惊呼，都被吸引着向外观看起来。

"那边有座城镇！"皮豆用手指着远处高声叫喊道。

大家循着皮豆的指向看去，隐隐约约看到有房屋和大树的影像。

"那不是城镇！那是海市蜃楼！"乌鲁鲁说。

"海市蜃楼是什么？"皮豆问道。

"海市蜃楼是地球上物体反射的光经大气折射而形成的虚像。沙漠里温度很高，空气被加热得很厉害，但在这盐湖地区，水分的蒸发会使周围的空气层温度变低，这样就会导致这里的空气层密度不同，对阳光的折射也就不同，致使别处景物的影像出现在空中，这就是海市蜃楼。在古代，很多饥渴的人都在沙漠里错把海市蜃楼当成绿洲而迷失在大漠中。"经过乌鲁鲁的解说，大家才明白这些景象的秘密。

"真是好神奇啊！"博多紧盯着远处那些如同真实般的景象感叹道。

随着微风的吹动，热气球慢慢地掠过了这亦幻亦真的盐湖胜景，进一步向沙漠深处飘去。

你知道身边哪些东西会对环境造成污染吗？为了减少污染我们还能做些什么呢？

脑力
大冒险

第十一章

外星人基地

已经中午了，沙漠上空早已热浪滚滚，好在热气球飞在3000多米的高空，吊舱里倒是挺凉爽。

外星人正在快速奔逃，丝毫没有察觉到远远的高空中一只热气球正悄悄地跟着他。

吊舱里，十一跟怪怪老师紧盯着探测仪，嘀嘀声中，小亮点不断闪烁着，向撒哈拉沙漠的最深处移动。博多跟皮豆丝毫不敢放松，密切配合着，生怕把外星人给追丢了。

女王跟蜜蜜坐在地板上，小鸡吃米似的不断点着脑袋。她们早已经睡着了，连鸟鲁鲁都蜷在地板上眯起了眼睛。

突然，嘀嘀声消失了，不断闪烁的小亮点也不见了。

"啊！失踪了！"十一惊叫起来，吵得女王、蜜蜜、鸟鲁鲁都醒了过来。

"出什么事啦？"女王站了起来。

"看来我们到站了！"怪怪老师眯起眼睛，记下刚才亮点消失的位置。

热气球缓缓地接近外星人失踪的地点上方，大家都趴在吊舱边上向下搜寻，可除了满地黄沙外，什么也没看到。

"明明就是到这里了，怎么会突然不见了呢？"十一还在纳闷儿。

"一会儿你就明白了！"怪怪老师伸出手指放在嘴唇上，做了一个噤声的动作。他向皮豆一指，然后又向下一指，皮豆立即明白，马上关闭了喷火器，气球降了下去。

悄然落地后，怪怪老师关闭了探测仪，又把热气球变小装进口袋里。他大手一挥，每个人身上都多了一件包裹全身的透明斗篷。怪怪老师一马当先，带领大家向前走去。

怪怪老师手里拿着一个喷雾器，不断向外喷射着白色的雾气，蹑手蹑脚地向前走。大家列成一队跟在后面，队伍像一条长蛇不断向前蠕动。

走了100多米没有任何发现，皮豆有些急了，刚要张口说话，突然意识到不能出声，赶忙把嘴闭上。

怪怪老师挥手示意，队伍停了下来。

"看来是有发现了。"皮豆心里有点儿紧张。

怪怪老师拿喷雾器左右晃动了几下，一堵墙一样的东西显现出来。

"哦，我明白了，原来怪怪老师喷雾器里喷出来的是汽水呀。只有这样才能破坏掉外星人的防护罩，并找

到他。看来那个外星人并不是消失了，而是进入到这个大家伙里面去了，又重新被防护罩给防护起来，所以探测器探测不到他。"十一心想。

怪怪老师拐了个弯，沿着"墙"走起来，没想到这一走就走了五六十米，终于找到一个像门口的地方。

"终于找到了！"大家心里一阵兴奋。

怪怪老师轻轻把门打开，大家鱼贯而入。

一进去大家就吃了一惊，好大的地方！

原来里面是一个圆形大厅，中间很高，有五六十米，边缘较矮，但至少有二十米，整体看上去像一个巨型的蒙古包。沿着边缘的围墙是一道长长的走廊，走廊的内侧是一面像玻璃一样的透明墙，所以大厅中的情况清清楚楚，一目了然。

原来大厅中间并不是外面的沙漠，而是一块土地。土地上生长着很多样子奇怪的像树一样的东西，有的高大，有的细小，有的像藤蔓。树上还倒吊着一些圆溜溜的东西，像是果实。

大家正看着出神，忽然那些"树"后走出来三个黑影，是三个外星人，其中还有那个曾被皮豆他们网住的外星人。

"果然是在这里！"大家心想。

三个外星人正在互相交谈，只是距离较远听不清说什么。他们边走边说，其中一个伸手摘下一个树上倒吊着的圆溜溜的东西，张口就咬了下去。果实流出一些黏糊糊的汁液，没几口就被外星人吃光了。

小伙伴们正趴在透明墙上看得起劲儿，耳畔传来了鸟鲁鲁的声音："外星人说，这是他们设在地球上的种植实验室，看看用地球上的土壤能不能培育种植出 R 星上的食物。刚才一个外星人尝了一个刚成熟的果子，说味道好极了，比 R 星上种植出来的还好吃。"

三个外星人边说边走，通过一道门，走出实验地，来到走廊上，竟直接朝怪怪老师一行人走了过来。他们比画着，嘴里呜呜哇哇说着听不清的外星语。

小家伙们吃了一惊，难道被外星人发现了？

怪怪老师伸手示意大家趴在透明墙上别动，小伙伴们大气也不敢喘。蜜蜜感觉心跳加速，差点儿站不住。

三名外星人从他们身边走了过去，居然没有看到他们。原来他们身上穿的透明斗篷就是怪怪老师特制的透明防护罩，可以隐藏他们的形迹。

"乌鲁鲁，能不能想办法让我们也听懂外星人的对话，叽里咕噜的，我们都快闷死了！"皮豆跟乌鲁鲁提议。

"让我想想办法！"乌鲁鲁稍一停顿就有了主意，给每个同学耳朵里塞了一个助听器一样的小东西。他们很快发现，外星人的谈话都转化成能听懂的汉语了。

"我们跟上，不要离得太近。"怪怪老师轻声说道。大家便远远地跟在外星人身后。

"看来，我们的实验大获成功。没想到，地球上的土壤居然比 R 星上的还要肥沃，这是怎么形成的？是里面的成分比 R 星上的更丰富？"外星人甲问。

"经过研究发现，地球上的土壤是由岩石风化而来，在风化过程中又掺杂进很多其他东西，最终成为成分复杂的物质。具体来说，地球上的土壤是

由水、空气、沙、黏土、微生物、腐殖质、无机盐等组合成的一种混合物。"外星人乙回答。

外星人甲接着问道：

"哦，风化我知道，就是岩石在自然界中经过风吹日晒，水流冲刷，还有花草树木与各种细菌、微生物等的作用下分散分解成小石子、小沙粒，最后变成细微土壤的过程。你说的'腐殖质'又是什么？"

"腐殖质是地球上的动植物残体在土壤中经微生物分解而形成的有机物质，土壤中所含腐殖质越多，土壤越肥沃。我们 R 星上的土壤中腐殖质含量很少，这可能就是比不上地球土壤肥沃的原因吧！"

"另外，地球上的土壤根据含沙量的多少分为三类：沙质土、壤土、黏质土，含沙量越高，透气性越好，保水性越差。要想种植得好，还要根据不同作物的生长要求选择不同类的土壤。"外星人乙接着回答。

"嗯，有道理！你继续开展研究，R 星人搬到地球后的食物就全靠你了！"外星人丙说。

"放心吧，老大！"

"哈哈哈……"

三个外星人高兴地笑了起来。

"你的脚怎么了？"被称为老大的外星人丙转头问外星人甲。

"老大，我正要向您报告，地球上还有 K 星人！"

"不可能！K 星人早就灭亡了！"

"这两个 K 星人跟我们一样，是被派到星际空间寻找新星球的，不知为何留在了地球上。"

"你是怎么发现他们的？"

"不是我发现了他们，是他们已经发现我们来到地球，正在到处搜寻我们。我去探察情况，没想到暴露了形迹，被两个 K 星人给抓住了！"

"笨蛋！"

外星人吓得身体哆嗦了一下："不过，我探听到一个重要信息。我们布置在地球外面的三艘风力实验飞船已经被地球人击落了。"

"怪不得三艘飞船会无缘无故失去联系。"外星人老大沉吟了一下，"糟糕！我们找到地球的消息还没有发回 R 星，这下信息发不出去了。"

"马上把这个消息通知青藏高原的能量实验室，让他们加强防备。"

"是！"

怪怪老师跟乌鲁鲁对看了一眼，心想，青藏高原上果然有问题。

"那你让 K 星人抓住，是怎么回来的？"老大有些怀疑地盯着他。

"我趁他们不注意挣脱了绳网，然后就赶快来向您报信。"外星人甲有些怯懦地回答。

"没有被他们跟踪？"老大紧接着问。

"绝对没有，我很注意后面有没有'尾巴'。"

外星人甲刚回答完，皮豆就再也忍不住了，扑哧一声笑了出来。

"谁？"外星人老大喊了一声，马上意识到他们暴露了。

"快跑！"老大喊了一声接着隐身不见了。外星人乙也隐身了，只有脚受伤的那名外星人甲无法隐身，拔腿就跑。

乌鲁鲁跟怪怪老师迅速冲了出去。乌鲁鲁去追外星人甲，怪怪老师则拿喷雾器向另两名外星人喷去。

乌鲁鲁成功逮住了外星人甲。外星人乙还没跑出去多远就被汽水给喷到了，很快被怪怪老师抓住了。可惜让老大给跑了。

脑力大冒险

看看我们脚下的土壤，它那么平凡，似乎在任何地方都能看到，但是它都有哪些成分呢？为什么有的土壤栽培的植物生长茂盛，有的地方就寸草不生呢？

第十二章

外星人的真实目的

"都怪你！"蜜蜜噘着小嘴，一把拧上了皮豆的胳膊。

"哎哟！"皮豆一声惨叫，赶紧离蜜蜜远远的。

"好了！皮豆也不是故意的。"怪怪老师拖着抓获的外星人乙走了回来，乌鲁鲁也把外星人甲拉了过来。

"说吧，还有什么情况没有告诉我们？"怪怪老师想从他们口中了解更多的信息。

"怪怪老师，我们是不是赶紧去抓那个逃走的老大？"女王提醒道。

"放心吧，那个老大跑不出地球去，我们会想办法抓住他的。"怪怪老师胸有成竹。

"该说的，我都说过了，已经没什么好说的了。"上次就被抓获的外星人甲居然还想隐瞒。

"那上次怎么不告诉我们，这撒哈拉沙漠之中还有你们的种植实验室？"

两名外星人互相对望了一眼，竟拒不回答。

乌鲁鲁愤怒了："看来不给你们点儿颜色看看，是不会开口了！"说完就准备对两名外星人动手。

但是两名外星人却依然闭口不言，看样子是想死磕到底。

女王看到这种情况，知道乌鲁鲁这种强硬的方式行不通，急忙招手制止了乌鲁鲁。"让我来问他们几个问题。"女王微笑着走到外星人跟前。

"其实，你们的计划我们都已经掌握了，你们根本没什么可隐瞒的。比如，在这里设立种植实验室，在青藏高原设立能量实验室，等等。"女王边说边斜着眼偷看外星人的反应。

"不可能！你们是跟踪我才找到这里的，青藏高原的能量实验室建在500多米厚的冰川下面，你们根本不可能找到。"受过伤的外星人甲沉不住气了。

怪怪老师跟乌鲁鲁对看了一眼："原来藏在冰川底下！"

他向女王传递了一个赞赏的眼神，心想："这小丫头还挺厉害，一句话就套出能量实验室的所在。"

博多已经明白了女王的用意，接口说道："不可能找到？连你们布置在地球外面进行风力实验的小飞船都被我们找到并消灭了，怎么可能连地球表面上的目标都找不到？真是太可笑了。"

"还有，你们的飞船已经被摧毁，根本无法向你们

的母星——R 星发送地球的定位信息了，所以别指望会有同伙来救你们。"
女王继续给外星人施加压力。

　　"飞船被毁了，还有别的办法！"外星人乙也开始上钩了。

　　怪怪老师跟乌鲁鲁心里在偷笑："有好戏看了。"

　　"别瞎说了，飞船都被毁了，根本就没有办法传递信息，你当我们是傻
瓜呀！"博多继续冷嘲热讽。

皮豆没弄清楚女王跟博多的用意，看他们俩在这里磨磨叽叽，不耐烦地说："这还有什么可说的，他们又不会像怪怪老师那么聪明，能想出'三点传信息'的好办法。"皮豆无意中想起怪怪老师的笔记本，随口就说了出来，没想到一语中的，倒帮了大忙。

听到"三点传信息"这几个字，两名外星人竟同时发出了惊呼声。

外星人甲叹了口气："你们竟然连这个都知道了，看来我们真的没希望了！"说完看了同伴一眼，两人都沮丧地垂下了头。

怪怪老师看到女王跟博多的计策已经成功，走过来继续说道："再不说可真就没机会了！"

现在两名外星人精神上已经完全被征服，对怪怪老师的问话也不再隐瞒，便把他们了解的情况全盘交代。

原来他们跟怪怪老师一样是 R 星派出的星际间谍，在宇宙中到处寻找适合居住的星球并企图据为己有。然而与 K 星人濒临灭亡急需移民不同，R 星人的目的却是抢占星球开采能源，然后用开采的能源再去侵占新的星球，说白了就是一群宇宙中的强盗。在来到地球前，R 星人已经抢占了五六个星球，其中有两个星球的能源已被 R 星人采光，原本自转的星球已经停止了自转。停止自转的星球，一个半球永远对着太阳，只有白天，温度非常高；另一半则永远见不到阳光，温度极低。因此，星球上的原住生物都无法生存，很快就灭绝了。这两个行星被 R 星人掠夺，变成了"死星"。

“啊！原来你们 R 星人这么坏！居然是一群宇宙中的强盗！”小伙伴们听完两名外星人的描述真是又气又怕。

怪怪老师跟鸟鲁鲁也没想到 R 星人竟然这么凶残。

“那你们是何时到达地球的？”鸟鲁鲁问道。

“我们刚到太阳系，探测到地球也许适合居住，于是就到地球进行详细调查。不想飞船母舰突然出现故障，操作不灵，而地球外面又密布着人造卫星，结果没能躲过一颗人造卫星的撞击，最终坠毁了。幸运的是，坠毁前把母舰上的三艘无人驾驶小船发射了出去，母舰的主舱则坠入一个大湖中，保留下大部分有用设备，可惜只存活了我们三个人。”外星人甲叹了一口气。

“后来呢？”鸟鲁鲁毫不放松。

“后来，我们就建起了种植实验室与能量实验室。每到一个合适的星球，R 星人都会先建立这两个实验室，一是测定种子是否能生存，二是测定星球的能量是否值得开采。在此之后又指挥无人飞船激发地球上的风暴，想测量地球上的风力与风能的大小，不想竟被你们给击毁了。这下情况糟糕了，母舰坠毁，小船又被击毁，没有办法将地球的定位信息通知 R 星了！”外星人甲回答。

“正当我们束手无策时，老大想到了一个办法，那就是在地球上确定三个点，组成一个巨大的等边三角形，然后从三个点同时发射无线电信息，到地球大气层外再汇合成一股强大的信息流向 R 星发射，这样就勉强能把

地球的定位信息通知到 R 星。"外星人乙补充了一下。

"发射信号的三个地点已经确定了吗？"怪怪老师穷追不舍。

"还没有，不过听老大说这两天就能定下来，这件事是老大在负责。我们两人一个负责种植实验室，一个负责能量实验室，发射信号的具体地点我们也不清楚。"外星人已经把知道的全说了出来。

"走，去能量实验室！"怪怪老师下达了指令。

鸟鲁鲁带着两名外星人，大家一起走出外星人的种植实验室。

怪怪老师笑着问鸟鲁鲁："还记得我们前几天在青藏高原上查到的他们消失的地点吧！"

鸟鲁鲁点点头："肯定就在冰川底下。"

等所有人都进了热气球吊舱后，皮豆马上跑到喷火器前，准备点燃喷火器，却被怪怪老师一伸手给挡住了。"坐热气球从撒哈拉沙漠腹地到青藏高原那得多久？恐怕外星人的信息早发出去了！我们得快点儿，兵贵神速嘛！"说完，热气球已经变成了超高速飞机。

怪怪老师高喊了一声："出发！"

大家只觉得座位靠背一紧，超高速飞机已经飞上高空。

一小时后，大家就站在了青藏高原的能量实验室门口。

那两名外星人被怪怪老师送去了科学院，帮助地球人了解更多的外星资料。

怪怪老师仍然给大家穿上透明防护斗篷，并叮嘱道："外星人老大很可能在里面，大家一定要小心！"

怪怪老师在前面开路，其他人跟在后面，一队人悄悄走进实验室的大门。

没想到这个能量实验室比种植实验室更大，实验室中央是一根直径超过30米的圆柱形设备。设备下方深插进岩石中，应该就是地下能量探测仪。左侧有一个房间。

怪怪老师在走廊上喷洒了一遍汽水，没有发现异常。然后他带着大家走进左侧的房间。

经过检查，房间里仍然没有发现外星老大的身影，看样子他并不在此。

"快看！这些好像是地球内部的情况记录！"博多看到一台仪器的显示屏上出现了**地球的内部构造图，旁边还有一些数字。只见一个同心圆式的球体，从外向内被分成了三层：最外层很薄，像鸡蛋壳一样，标注为地壳；中间层比较厚，标注为地幔；最里面的球心则被标注为地核。**

房间的桌子上还有一份分析报告。怪怪老师拿起来把报告内容转化成汉字，小伙伴们都凑了过来，只见内容很详细，大体意思是：

地球内部温度很高，越往核心温度越高，最高可能超过 6000 摄氏度。地球内部蕴含的能量很多，值得开采。但开采过程中需要注意地震或火山爆发等风险。因为地球

内部的物质在不断运动，相互之间经常发生碰撞、断裂等情况，从而导致地面震动，产生破坏力。另外，地壳以下压力很大，温度很高，很多岩石会熔化成液态，有时会突破地壳中的裂隙冲出地表，形成火山喷发。这些都会对能源开采产生不良影响。

脑力大冒险

我们的脚下就有可能蕴藏着各种资源，包括石油、煤炭、黄金等，有的已经被发现并进行了开采，有的还没有被发现。你知道你的家乡都有哪些矿产资源吗？

第十三章

射电望远镜

正当大家在能量实验室里仔细检查时，实验室突然晃动起来，顶部也出现了裂缝，大冰块轰隆隆地掉下来，看样子马上就要坍塌。

"快跑！"十一喊了一嗓子就朝实验室大门口跑去，其他人紧跟在后面。不料，大门打不开，已经被人从外面反锁了。

怪怪老师一挥手想用他的魔法把大家送出去，没想到竟没成功，他感觉到自己的能量正被快速吸出体外。

"不好！"怪怪老师意识到出了问题，他大喊一声："乌鲁鲁快来帮我一把！"

这时，整个实验室房顶眼看就要坍塌。小伙伴们哪里见过这种场面，都直直地看着即将下坠的房顶，双腿瘫软。

"轰"的一声，整个实验室被毁灭了，连同上面几百米厚的巨大冰川都在不断震颤，发出恐怖的"嘎吱、嘎吱"的断裂声，山顶上厚厚的积雪发生了大规模的雪崩。随着轰隆隆一阵巨响，山坡上的积雪急速下冲，如同山洪暴发一样，气势骇人，瞬间吞没了山谷。

过了大半天，山谷才平静下来。

一阵"呜呜呜"声中，山谷的积雪中冒出来一个圆圆的大球，大球旋转着，"啪！"裂开了，爬出来几个人，正是怪怪老师和女王他们。

"我的妈呀，转得我晕死了，这比过山车还可怕！"一听就是皮豆的声音。

"我，我站不起来了！谁来拉我一把……"蜜蜜那有气无力的小手伸在半空中。

"这次真是死里逃生！"怪怪老师脸色惨白。

"没想到，我们竟中了外星人老大的埋伏！"乌鲁鲁回想起刚才的惊险情况也心有余悸。

"都怪我考虑不周全，没想到外星人的能量实验室中设有能量开采吸收装置。"怪怪老师还在自责，"要不是我们俩合力冲出来，大家就都被压在底下没命了。"

女王他们还没有完全从恐惧中回过神来，都坐在积雪上发呆。过了一小会儿，蜜蜜竟号啕大哭起来，而且越哭越厉害。一缕阳光掠了过来，正好照在蜜蜜脸上。蜜蜜睁开泪眼，带着哭腔："我还以为再也看不到太阳了呢！"

其他几个小伙伴看着蜜蜜的样子禁不住笑了起来，大家总算恢复过来。

"没想到这个外星人老大这么狡猾，竟然猜到我们会去能量实验室。他正好用实验室中的能量吸收器对付怪怪老师跟乌鲁鲁，想把我们直接埋葬在

冰川底下。"皮豆已经弄明白了怎么回事。

　　"怪怪老师，接下来我们该怎么办？"十一问道。

　　"我想那个外星人现在一定急于把地球方位的信息发回 R 星，只有从
这一点上出发，才能找到有用的线索。"怪怪老师回答。

　　"是不是想办法弄清楚外星人会从哪三个点来发送信息？"皮豆这次是
真动了点儿脑子。

"怪怪老师，你跟乌鲁鲁当初不是也设想用三点发信息的方式向 K 星传信息吗？你们当时的方案是怎样的？"博多的分析更进一步。

"博多说得有道理，我们可以从这个角度来考虑。"乌鲁鲁也认为这是一个不错的突破口。

怪怪老师当即把他跟乌鲁鲁的方案跟大家做了一下说明：

"首先，这三个点的间距要足够大，因为要把三股信息流汇集到一起再转发出去，还需要一颗地球静止轨道上的人造通信卫星作为汇集转发器。而地球静止轨道距离地面有 3.6 万千米，非常遥远。因此，这三个地点的间距也要很远才行。

"其次，这三个地点要选在人烟稀少的地方，这样发射器不容易被人类发现。

"第三，就是每个发射点都要配备强大的电源，因为发射信息要消耗很多电能。

"第四，要选准发射的方位。

"正是根据以上这几个必备的条件，我跟乌鲁鲁经过精心测算与准备，才选出三个最佳地点：一个位于撒哈拉沙漠深处，一个位于冰雪覆盖的南极大陆，另一个则位于太平洋中部的一个小岛上。"

"R 星的方位与 K 星相近，所以发射方位也应该接近。"乌鲁鲁提出了第一种可能。

"嗯，这样搜寻的范围就小多了。"怪怪老师点头称是，"另外，每个

发射点还要有强大的电力供应，这样就更好找了。"

"怪怪老师，我有一个疑问，为什么不直接借助人类的射电望远镜来报信呢？据说地球上最大的阿雷西博射电望远镜，口径 300 多米，可以向几万光年远的星系发送信息。"博多很认真地问。

怪怪老师伸手摸了摸博多的头，赞许地说："你可真不愧是小百科专家呀！这个方案我们当时也考虑过，但是阿雷西博射电望远镜是固定镜面的，没法调整方位，不能指向 K 星。要不然，这将是个最佳方案。"

"德国不是有 100 米口径的活动镜面射电望远镜吗？"博多接着问道。

怪怪老师摇了摇头："K 星离地球太遥远了，100 米口径的射电望远镜信号太弱，K 星无法接收到发出的信息。"

"你们在说什么？什么口径 100 米、300 米的？什么是射电望远镜？"皮豆听得稀里糊涂。

"射电望远镜是用来观测宇宙中各种射电波并进行分析研究的设备，它通常有一根巨大的天线，可以接收来自星际空间的各种射电波。也可以反向利用，向宇宙空间发射信息电波。"

博多又用手比画了一个圆形："口径就是那个'大锅'的直径，**一般口径越大信号就越好。**"

"我以为是什么呢，原来就是那种'大锅'呀！"皮豆恍然大悟，"前几天电视上不是还说我们中国刚建成了一个世界上最大的'大锅'吗！被誉为'中国天眼'。"

"没错，据说口径 500 米，还能转动方向呢！"皮豆这么一说，女王也想了起来。

怪怪老师跟乌鲁鲁眼睛一亮，心想："这下抓捕外星人老大就容易了。"

事不宜迟，大家整理了一下行装，很快就来到贵州省，找到了全球最大的射电望远镜 FAST（Five-hundred-meter Aperture Spherical radio Telescope，即 500 米口径球面射电望远镜）。

怪怪老师向工作人员说明来意，很快就有专门人员带领他们参观起来。

"这是信息分析室。"工作人员带着他们走进了一个工作大厅，大厅里一排排的全是电脑屏幕，变幻着各种不同的图形。

"这里主要是把接收到的宇宙空间射电波进行信号放大、分类并分析。**FAST 的灵敏度极高，可以探测到极其遥远的星球发出的信号**。快看，这是来自 1700 光年远的一个脉冲星发出的电波。"工作人员指着一台电脑屏幕上的曲线图说道。

"最近一两天有没有发现什么异常信号？"怪怪老师问道。

"没有！"工作人员回答得很干脆。

怪怪老师放下心来，看来外星人还没到达这里。

"如果发现异常信号一定立刻通知我！"怪怪老师嘱咐道。

"是！"工作人员毕恭毕敬的态度让小伙伴们有点儿意外。

工作人员又带大家参观了信号控制室、动力控制室，等等。

转悠了半天，皮豆实在忍不住了："'大锅'在哪儿？不说是世界上最大的锅吗？"

"大锅？"工作人员一愣，随即明白了皮豆的意思："别着急，马上就会看到了。"

大家跟着工作人员进入电梯，向上升去。电梯的围墙是透明的，慢慢地，一个巨型"大锅"露出它真实的面容。

"我的妈呀！"皮豆差点儿惊掉下巴，"这，这铁锅也太大了吧！"

"这得装下多少个足球场呀？"十一也被眼前的景象震撼了。

"大约能装下 30 个足球场。"工作人员答道。

博多跟女王、蜜蜜什么话也没说，眼睛都直勾勾地盯在那里。

怪怪老师跟乌鲁鲁也没见过这么大的半球型天线，把整个山洼都覆盖住了。他们心里更加肯定：外星人老大一定会来。

"为什么要把这么大的射电望远镜建在这山洼里？"乌鲁鲁不解地问。

"哦，这还得从这里的岩石特点说起。"工作人员边介绍，边带大家坐另一部电梯下去。

"我们知道岩石分为沉积岩、岩浆岩与变质岩三大类。沉积岩是在地表

和地表下不太深的地方形成的地质体。由地壳内部上升的岩浆侵入地壳或喷出地表冷凝而成的是岩浆岩。而由地球内力作用引起岩石构造的变化产生的岩石则是变质岩。最常见的花岗岩非常坚硬，属于岩浆岩。"

接着，工作人员带着大家走向"大锅"的锅底，他指着周围的山岩说：

"这里的岩石是属于沉积岩中的石灰岩，石灰岩容易被含有二氧化碳成分的水流侵蚀溶解，最终形成很多溶洞和大坑。这片山岩因多年的侵蚀形成的这个圆形天然喀斯特洼地正好适合建立这么大口径的天线，这样做可以减少土方开挖量；而且它的下面有地下暗河，下雨时天线中汇集的雨水也可以通过地下暗河很快流走，有着优良的排水性，不会造成积水。"

如果你关注时事的话，想必肯定对 FAST 这个名字不陌生吧？它可是目前世界上最大的单天线射电望远镜，从预研到建成共历时 22 年呢！感兴趣的同学请查阅资料，好好地认识一下它吧！

脑力
大冒险

第十四章

守株待兔

大家跟随工作人员转了一圈儿又重新回到工作大厅。

怪怪老师让工作人员做了一些准备，鸟鲁鲁笑着说："看来我们要来个守株待兔了！"

博多兴奋地拉着皮豆的手跑到信号控制室里，指着正面墙上的大屏幕："哇，太酷了！真是做梦都没想到能来到世界最大的射电望远镜中心参观。"

蜜蜜已经累得不想动弹了。

怪怪老师把大家都召集起来，告诉大家一切准备就绪，就等外星人上钩了。另外，这次抓捕行动危险性比较大，因此怪怪老师不让小伙伴们参与，而是由他跟鸟鲁鲁，还有 FAST 射电望远镜的专门工作人员来完成。

怪怪老师摸了摸小家伙们的脑袋深情地说："这次全球搜捕外星人，你们几个可真是立了大功。"

"要求放假当奖励！"皮豆首先扯着嗓子嚷了起来。

"叔叔，有没有视野开阔景观好的地方？"博多歪着脑袋向工作人员问道。

"哦，看到了吗？左边第二部电梯，坐到顶层有一个观景台，视野很开阔的。"工作人员告诉皮豆。

吃过晚饭，小伙伴们都来到观景台上。

皮豆深深吸了一口气："还是这里好，空气清新，不像大厅里那样闷！"

一弯新月挂在半空中，像弯弯的镰刀。淡淡的月光洒在山野间，巨大的半球形望远镜天线坐落在山谷中。这情景让人感觉很不真实，仿佛在梦中一样。

"终于可以好好休息一下了！这几天可真是把人给累死了！"蜜蜜背靠着女王懒洋洋地斜躺在石椅上。

"真是个好地方！难怪要把望远镜建在这里。"博多还在观看那个让人震撼的"大锅"。

"天上这么多星星，你们说，怪怪老师跟乌鲁鲁曾经到过的 K 星会是哪一颗呢？"十一躺在石椅上，眼睛看着天空中不断闪烁的星星在遐思。

"其实我们看到的星星都是像太阳一样的恒星。K 星应该跟我们地球一样，是一颗行星。"博多纠正了十一。

"听怪怪老师说，好像是在猎户座附近。"女王接口说。

"'猎户座'是什么东西？它在哪里？"皮豆听着有些迷茫。

"连这都不知道！女王说的是**星座，是天上几颗相近的星星连在一起组**

成的。"蜜蜜懒洋洋的声音传了过来。

"星座？我是射手座的。"皮豆还是没弄明白。

"真是受不了你，过来看这个！"博多急了，伸手指向了北方的天空，"看到那七颗明亮的星星没有？连起来像一把勺子！"

"哪儿？"皮豆顺着博多手指的方向看去，"我看到了！还真像是一把大勺子，就是勺子把儿有些弯。"

"对，就是它！这是**北斗七星，是大熊座的尾巴。从勺子口最前面的两颗星向前延伸大约两星间距的 5 倍，那儿就是我们最常说的北极星。**"博多又向前指了一下。

"哦，是有一颗，那就是常说的北极星？怎么一点儿也不明亮呀！"皮豆更感兴趣了。

"**北极星**确实不太明亮，不过，它可**是我们晚上用来辨别方向最重要的一颗星星。**"

"为什么北极星是晚上分辨方向最重要的星星？看其他的星星不行吗？"皮豆好奇地问。

"这还要从地球的自转说起。还记得上次怪怪老师跟我们说过，地球是斜着身子不停地自转，每转动一圈就是一天一夜 24 个小时吧？"博多问皮豆。

"嗯，记得。可这与北极星又有什么关系？"皮豆不解。

"因为地球斜着身子，不管是自转还是公转，北极方向永远指向北极星的方向，所以北极星在晚上看来就永远在正北方。其他星星就不是，它们会因为地球自西向东的自转跟太阳和月亮一样东升西落，用它们来指示方向就没那么准确了。"

"是这样啊，这北极星还真是挺神奇的。"皮豆明白了。

"那是什么星座？"十一伸手指向天空中部，那里有三颗几乎按直线紧密排在一起的明亮的星星。

"那应该是猎户座的腰带。"女王说道，"关于猎户座，古希腊神话中还有一段动人的传说。"

"什么传说？快说来听听！"蜜蜜最喜欢听故事了。

"是啊，讲给大家听听嘛！"皮豆也挺感兴趣。

"那好吧。"女王开始了她的讲述：

"希腊神话中，海神波塞冬有个儿子名叫奥瑞恩。奥瑞恩生来就像他的父亲一样，长得魁梧强壮。可他并不喜欢生活在海里，总是来到山野间攀岩、捕猎。不过，他毕竟是海神的儿子，所以即使在海面上也能健步如飞。

"整日陪伴他的是一条名叫西立乌斯的猎犬，它和主人一样勇猛，打猎时总是冲在最前面，遇到猛兽也总是挡在奥瑞恩身前。

"日子久了，奥瑞恩经常在打猎时碰到月神，也就是狩猎女神阿尔忒弥斯。两人很快就被对方的高雅潇洒和出神入化的猎技深深吸引。后来，他们经常一起在山间漫步，登绝壁，攀险峰，无话不谈。

"这一切，却使太阳神阿波罗很生气，他怕姐姐阿尔忒弥斯像自己和达芙涅一样。他知道阿尔忒弥斯是个性格倔强的女孩，劝说根本不会打动她。阿波罗一狠心，想出了一条毒计。

"一天，奥瑞恩像往常一样，在海面上'飞行'，准备上岸去捕猎。他的身体浸在水里，只有头部露出水面。

"阿波罗和阿尔忒弥斯'正巧'从海面上飞过。

"'姐姐，人们都说你有百步穿杨的功夫，今天咱们来比试比试怎么样？'

"阿尔忒弥斯自认为天下只有奥瑞恩的箭术可以和她相比，哪把弟弟放在眼里呀！

"'好吧，你说射什么？'

"'你看，那个小黑点，是一块礁石，就射它吧。'阿波罗知道姐姐的眼力不如自己，根本看不出那个黑点是什么。

"'没问题！'话音未落，只听嗖的一声，一支利箭不偏不倚，正中那个小黑点。

"'姐姐你真是名不虚传，弟弟我再也不敢跟你比了。'说完，阿波罗悄悄地走了。

"阿尔忒弥斯十分得意，她降落到海上，想看看被射中的目标，可她看到的却是头部中箭的奥瑞恩。他静静地躺在水面上，来不及和他的心上人说一句话，就已经气绝身亡了。

"最心爱的人竟然死在自己的箭下，阿尔忒弥斯一下昏倒了。西立乌斯听到主人惨死的消息，悲痛得整夜哀号。别人喂的食物它连看也不看，没几天便随奥瑞恩而去了。

"这幕惨剧使宙斯唏嘘不已。他收殓了奥瑞恩的尸首，把他升到天上化作猎户座。生前不能常相守，死后，他总算和自己的心上人——月神阿尔忒弥斯永远在一起了。西立乌斯也以自己的忠诚赢得了宙斯的同情，被提升到天界，继续陪伴在主人身旁，这就是大犬座。为了不使西立乌斯寂寞，宙斯还特意给它找了个伙伴——小犬座。宙斯知道奥瑞恩生前最喜欢打猎，就在他身边放了一只小小的猎物——天兔座。"

女王边讲边把猎户座旁边的几个星座指给大家看。

"没想到星座还有这么动人的传说！有没有其他的传说，再讲几个。"皮豆意犹未尽。

女王正准备开口，"大锅"中心上空突然变得异常闪亮，如同一道强烈的闪电，把整个山谷都照得跟白天一样。

小伙伴们迅速跳了起来，跑到观景台边缘向"大锅"内张望起来。

强光耀眼，晃得让人睁不开眼。强光中隐约看到有个黑影，不断地张牙舞爪。过了一小会儿，黑影便停了下来，强光开始减弱，黑影直接从"大锅"上空中的架子上滑向了"锅底"。

"看来是抓到了！"博多激动地喊起来。小伙伴们急忙坐电梯下去，朝"大锅"底跑去。

"锅底"下已经被工作人员围拢。不一会儿，怪怪老师提着那个黑影走了出来。小伙伴们围了上去，果然是那个外星人老大，好像已经晕过去了。

怪怪老师把外星人交给了工作人员，然后走了过来。他长舒了一口气说："现在，总算给地球解除危险了！"

脑力
大冒险

你还知道哪些星座传说？

你能辨认出几个星座？夏天的夜里指给爸爸妈妈看看吧。

第十五章

完美的蓝色星球

　　"太好喽！我们终于胜利喽！"小伙伴们又蹦又跳高兴坏了，鸟鲁鲁也过来上蹿下跳地凑热闹。

　　"这次保卫地球的行动，你们可是做出了很大贡献，国家科学院要特别奖励你们。猜猜会奖励什么？"怪怪老师故意卖关子。

　　"一顿大餐？"看来蜜蜜的要求不高。

　　怪怪老师微笑着摇了摇头。

　　"去游乐场玩三天？"皮豆美滋滋地说。

　　"嗯，已经沾点儿边了。"怪怪老师还是不松口。

　　"是环球旅行！"怪怪老师按捺不住说了出来，"把我们先前没有走完的路程继续走完。"

　　"太棒了！我们还没玩够呢！"小伙伴们真是喜出望外。

　　离开了 FAST 射电望远镜，怪怪老师又把大家带回一望无际的撒哈拉大

沙漠。

"我们回来喽！"十一从地上抓起两把黄沙使劲儿抛向了天空。其他人也跟着叫起来，在沙地上打起滚儿来。

连续几天来，因抓捕外星人而绷得紧紧的神经，这下彻底放松了下来。

一顿美餐过后，大家又钻进了吊舱中，继续向西南方向飞去。

很快蜜蜜、十一还有女王都靠着吊舱壁沉沉睡了过去，乌鲁鲁更是早就蜷缩在地板上打起了呼噜。没有人说话了，整个吊舱里安静下来。皮豆跟博多还在死撑着，没多久这两双眼睛的眼皮像灌了铅似的沉重无比，终于，他们抵挡不住瞌睡虫的进攻，进入梦乡。

怪怪老师听到一片鼾声，转过头来看了一眼："哇！只剩我一个人值班了！"怪怪老师只能苦笑。

随着气球不断向南飞去，地面上出现了稀疏的草丛，越往南飞，草丛越密。不久，大地就如同披上了一层厚厚的地毯。各种动物在草地上来回奔跑，跟大沙漠相比充满了勃勃生机。

快下午的时候，大家被一阵"轰隆隆"的声音吵醒了。

十一爬起来看了一眼："好像是一种像马一样的动物，它们正在成群地向前奔跑，不过后面好像并没有肉食性动物在追赶，有点儿奇怪。"

蜜蜜也站了起来："快看，那些不是马，它们还长着两只角呢，应该是牛吧！哦，还有不少斑马混在里面。"

"那不是牛，是角马！"乌鲁鲁也醒了。

角马群发出震耳欲聋的奔跑声，估计得有几百万只角马在行进，场面震撼人心。

角马群的前方出现了一条不大的河流，河流中不时有凶猛的鳄鱼探出脑袋，但是角马们却义无反顾地冲过河流奋勇向前。

"又没有猛兽追赶，为什么角马们还要奔跑？"蜜蜜不解地问道。

"它们是在迁徙，就像燕子每年春天从南方飞回北方，秋天再从北方飞到南方。燕子们因为气候迁徙，角马们则是为食物迁徙。非洲大草原一年分为明显的干湿两季，旱季草原干枯，角马们没有食物只好迁移。它们每年都会按照基本固定的路线迁徙，过着游牧式的生活，始终行走在路上。"

"当然也有很多能够适应当地气候环境，又有足够食物的动物没有迁徙现象。"怪怪老师又补充了一句。

天边的白云已经被夕阳染上了金红色，黑夜很快又要笼罩着大草原。

他们在草原上再次安营扎寨。

"趁着天还没黑，带我们到附近转转呗！"皮豆向乌鲁鲁央求。

"走吧！"乌鲁鲁一口答应，看来他今天的心情不错。

"走喽！"皮豆一声招呼，小伙伴们争先恐后地跟了过去。

虽然已经是傍晚，但气温仍然很高，走了没多远大家已经全身是汗。当他们走到一棵树干呈纺锤形的奇怪大树的附近时，都已经口渴难耐。

"乌鲁鲁，给我们弄点儿水来吧！"蜜蜜已经有气无力。

"想喝水呀！旁边就有啊！"乌鲁鲁抬了抬下巴，指向那棵"肚子"鼓得老大的树。

"在哪儿？在哪儿？"皮豆跑过去围着大树转了一圈，一滴水也没找到。

"我说的是这棵树！"乌鲁鲁走过去，拿出一把小刀在树皮上划了一道口子，划口处立刻涌出很多水珠，吧嗒吧嗒滴了下来。乌鲁鲁拿一个小碗接住，一小会儿就接了一碗。他把碗递给皮豆，皮豆疑惑地看了乌鲁鲁一眼，试探着尝了一点儿："嗯！不错，跟椰子汁差不多！"皮豆一口气把一小碗水喝光了。

其他人立马围了上来，乌鲁鲁给每人分了一个小碗，很快大家都喝上了"树水"。"这是什么树？怎么会有这么多水呢？"皮豆抑制不住好奇心。

"这是猴面包树，它的大肚子树干就是个天然储水罐，能存几千千克水呢！"乌鲁鲁说道，"因为它的果实很美味，猴子们经常爬上去吃，所以就有了这个名字。"

"好了，我们回去吧，不然就成了野兽们的面包了！"乌鲁鲁开了个玩笑，带着大家回到营地。

几天后，热气球再次来到海洋上空，博多看了一眼定位仪："看来我们要离开非洲大陆了。"

皮豆探过头来："已经来到大西洋上空啦！"

"经过了白色的冰川，黄色的沙漠，现在我们又来到了蓝色的海洋，地球真是色彩斑斓哪！"蜜蜜又开始抒发感情了。

热气球在蓝色的水面上掠行，身处这满眼的蓝色中，整个人都清爽起来。

"这大西洋可真够大的，飞行了一天一夜，竟连座岛屿都没见到，害得我们连个落地休息的地方都没有。"皮豆负责喷火器，可不敢在这大海上大意。

十一拿着望远镜瞭望，看看会不会有奇迹发生。

"那一个个的小黑点是什么？"十一手指前方好像有所发现。

热气球很快靠了过去，大家终于看清楚了，原来是一群海豚正在围猎鱼群。它们把鱼群围起来，然后快速在鱼群中穿插，鱼群就乱套了，海豚们则可以尽享美味。

"真是些聪明的家伙！"蜜蜜看着不断翻腾的鱼群说。

海上飞行的日子比较单调，很长时间也碰不上点儿新鲜事。

"哇，我们有同伴了！"女王笑着说。

原来左侧不远处一只大鸟正跟他们的热气球平行前进。

博多观察了一会儿说："这是大信天翁，翅膀伸展开得有三米多，可真是海上的巨无霸！"

信天翁大部分时间在滑翔，跟他们伴飞了大半天才分开。

"我们还没到陆地吗？都快无聊死了！"皮豆嘴里嘟哝着。

"南美洲到了！"博多的嗓音中透着莫名的兴奋。

小家伙们的脑袋很快凑了过来，没错，吊舱下已出现绿油油的森林。

"亚马孙平原！"定位仪上显示他们已到达"地球之肺"。

博多来了精神：

"亚马孙平原主要由亚马孙河冲积而成，是世界上面积最大的冲积平原，平原上密布着各种热带树木，是世界上最大的热带森林，对地球空气的净化起着非常重要的作用，被称为'地球之肺'。"

"那我们还在等什么，快下去看看吧，我都好多天没落地了。"皮豆早已急不可耐。

怪怪老师点头同意了。

热气球的高度降了下来，很快靠近地面，降下来后才发现地上全是树木，树木下全是泥滩，根本无法降落。

水面上几只水鸟正漂浮着觅食。忽然，水鸟们被惊了起来，其中一只被水下的什么动物一口咬住了，水花翻腾中才发现竟是一条巨蟒。

"快起飞！快起飞！"小伙伴们面容惨白，热气球又开始上升了。

一个星期后，热气球跨越雄伟的安第斯山脉，进入世界上最大的大洋——太平洋。

这可是个很大的考验，因为他们又要很多天无法着陆了。

在太平洋上飘荡了七八天，他们终于发现一个小岛，小岛上还有一座山，山头上正冒着黑烟。

"终于可以落地了！"皮豆都不知道站在地上是什么感觉了。

"不能落！"怪怪老师坚定地说。

"这是一座火山岛，而且岛上的火山还是活火山，正在喷出有毒气体，我们落下去可就危险了！"乌鲁鲁说。

"什么是火山岛？"皮豆问。

"海底火山喷发，喷出的火山灰与冷却的岩浆不断堆积，最后高出海面的部分就成了岛屿，这种岛屿就是火山岛。"乌鲁鲁说道，"还有一种岛是珊瑚岛，是由海底的珊瑚虫尸体不断累积而成的。"

几天后，他们真的遇到了一个环形的珊瑚岛，从空中看上去像一串漂亮的项链，中间还有一个海水湖。这次，热气球降落在岛上，皮豆他们几个还下海潜水。水下五颜六色的珊瑚礁跟各种漂亮的小鱼儿让大家流连忘返，真是玩了个痛快。

告别美丽的珊瑚岛，又经过十几天的飞行，大家终于圆满完成了他们人生中第一次环球旅行，完美的蓝色星球将永远留在他们的记忆中。

环球旅行的完成使这群小伙伴的名气大涨，很多著名的媒体都来采访，女王还接受了一次专访。

"听说你们战胜了企图占领地球的外星人，保卫了地球，这是真的吗？"

记者问道。

　　"我想可能大家科幻电影看得太多了。我认为大家应该从自身做起，保护好地球的环境，这才是对地球最大的保卫。"女王很冷静地回答。博多悄悄给她竖起大拇指。皮豆耸了耸肩，微笑着什么也没说。

　　"哗——"

　　周围人群爆发出了热烈的掌声。

脑力大冒险

　　丘陵、平原、高原、沙漠、海洋……环球旅行让我们为完美的蓝色星球所倾倒。如果怪怪老师邀请你同行，你最想去哪儿，看什么样的地貌，了解哪些动植物的习性呢？

冒险大揭秘

第31页：

　　（可参考）湖泊→蒸发到空气中→在天空凝结成云→变成雨落回地面→深入泥土汇入地下水→流入江河湖泊。

第70页：

例如：

行星名称	温度	大气	土壤
水星	近日点照亮的半球上，温度可达400摄氏度；黑夜的半球上，温度只有10摄氏度或20摄氏度。	有稀薄的大气	与月亮上的土壤结构相似，表面被颗粒状的很能吸光的细粉末所掩盖。
金星	在被太阳照亮的半球上，平均温度约为66摄氏度。	有密而厚的大气	表面物质的性质类似硅酸盐土壤。
火星	表面的平均温度为零下20摄氏度。	主要成分可能是氮气，加少量的氢和氦。	基本上是沙漠行星，地表沙丘、砾石遍布。

也可了解公转自转、地表地形、是否有水、气候变化等环境条件。